Descobrir Jogos Online Grátis

Disponível Aqui:

BestActivityBooks.com/FREEGAMES

5 DICAS PARA COMEÇAR

1) CÓMO RESOLVER LAS SOPA DE LETRAS

Os puzzles têm um formato clássico:

- As palavras estão escondidas sem espaços ou hífenes,...
- Orientação: As palavras podem ser escritas para a frente, para trás, para cima, para baixo ou na diagonal (podem ser invertidas).
- As palavras podem sobrepor-se ou intersectar-se.

2) APRENDIZAGEM ACTIVA

Ao lado de cada palavra há um espaço para anotar a tradução. Para encorajar a aprendizagem activa, um **DICIONÁRIO** no final desta edição permitir-lhe-á verificar e expandir os seus conhecimentos. Procure e anote as traduções, encontre-as no puzzle e adicione-as ao seu vocabulário!

3) MARCAR AS PALAVRAS

Pode inventar o seu próprio sistema de marcação - talvez já use um? Pode também, por exemplo, marcar palavras difíceis de encontrar com uma cruz, palavras favoritas com uma estrela, palavras novas com um triângulo, palavras raras com um diamante, e assim por diante.

4) ESTRUTURANDO A APRENDIZAGEM

Esta edição oferece um **CADERNO DE NOTAS** prático no final do livro. Nas férias, em viagem ou em casa, pode facilmente organizar os seus novos conhecimentos sem a necessidade de um segundo caderno!

5) JÁ TERMINOU TODAS AS GRELHAS?

Nas últimas páginas deste livro, na secção **DESAFIO FINAL**, encontrará um jogo gratuito!

Rápido e fácil! Consulte a nossa colecção de livros de actividades para o seu próximo momento de diversão e **aprendizagem**, a apenas um clique de distância!

Encontre o seu próximo desafio em:

BestActivityBooks.com/MeuProximoLivro

Aos vossos lugares, preparem-se...Vão!

Sabia que existem cerca de 7.000 línguas diferentes no mundo? As palavras são preciosas.

Adoramos línguas e temos trabalhado arduamente para criar livros da mais alta qualidade para si. Os nossos ingredientes?

Uma selecção de tópicos adequados à aprendizagem, três boas porções de entretenimento, e depois acrescentamos uma colherada de palavras difíceis e uma pitada de palavras raras. Servimo-los com amor e máximo divertimento, para que possa resolver os melhores jogos de palavras e se divirta a aprender!

A sua opinião é essencial. Pode participar activamente no sucesso deste livro, deixando-nos um comentário. Gostaríamos de saber o que mais lhe agradou nesta edição.

Aqui está um link rápido para a sua página de encomendas:

BestBooksActivity.com/Avaliacoes50

Obrigado pela vossa ajuda e divirtam-se!

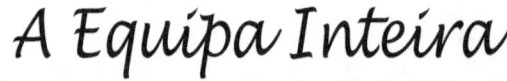

A Equipa Inteira

1 - Dirigindo

```
Έ  Α  Ο  Ι  Α  Τ  Ύ  Χ  Η  Μ  Α  Κ  Μ  Φ
Α  Ε  Χ  Ξ  Έ  Π  Ω  Λ  Ξ  Ο  Α  Υ  Π  Ρ
Τ  Σ  Χ  Δ  Ρ  Λ  Ε  Ρ  Ω  Τ  Υ  Κ  Π  Έ
Ί  Ν  Φ  Έ  Ι  Έ  Η  Ζ  Ε  Έ  Ψ  Λ  Ρ  Ν
Δ  Ι  Ί  Ά  Ο  Α  Υ  Δ  Ό  Ρ  Ρ  Ο  Ο  Α
Ρ  Ρ  Λ  Έ  Λ  Ξ  Ρ  Α  Π  Σ  Γ  Φ  Σ  Α
Ό  Β  Ό  Ω  Ν  Ε  Χ  Ά  Ρ  Τ  Η  Ο  Ο  Σ
Μ  Μ  Γ  Μ  Έ  Ί  Ι  Έ  Ν  Ψ  Χ  Ρ  Χ  Τ
Ο  Έ  Α  Ί  Ο  Γ  Κ  Α  Ρ  Ά  Ζ  Ί  Ή  Υ
Β  Μ  Ο  Τ  Ο  Σ  Υ  Κ  Λ  Έ  Τ  Α  Π  Ν
Σ  Ή  Ρ  Α  Γ  Γ  Α  Κ  Α  Ύ  Σ  Ι  Μ  Ο
Η  Υ  Δ  Υ  Κ  Ι  Ν  Δ  Ύ  Ν  Ο  Υ  Ψ  Μ
Α  Υ  Τ  Ο  Κ  Ί  Ν  Η  Τ  Ο  Μ  Η  Λ  Ί
Μ  Ε  Τ  Α  Φ  Ο  Ρ  Ά  Δ  Ε  Ι  Α  Α  Α
```

ΑΤΎΧΗΜΑ	ΜΟΤΟΣΥΚΛΈΤΑ
ΑΥΤΟΚΊΝΗΤΟ	ΜΟΤΈΡ
ΚΑΎΣΙΜΟ	ΠΕΖΌΣ
ΠΡΟΣΟΧΉ	ΚΙΝΔΎΝΟΥ
ΔΡΌΜΟΣ	ΑΣΤΥΝΟΜΊΑ
ΦΡΈΝΑ	ΔΡΌΜΟ
ΓΚΑΡΆΖ	ΑΣΦΆΛΕΙΑ
ΑΈΡΙΟ	ΜΕΤΑΦΟΡΆ
ΆΔΕΙΑ	ΚΥΚΛΟΦΟΡΊΑ
ΧΆΡΤΗ	ΣΉΡΑΓΓΑ

2 - Atividades

```
Π  Z  B  A  N  A  Ψ  Υ  Χ  Ή  Ε  Ψ  Ρ  Γ
Ε  Ω  Μ  Ι  Χ  Α  Λ  Ά  Ρ  Ω  Σ  Η  Ξ  Π
Z  Γ  Α  Χ  Ο  Γ  Ρ  Π  Ρ  Ε  Ψ  Η  Ψ  Λ
Ο  Ρ  Γ  Φ  Ω  Τ  Ο  Γ  Ρ  Α  Φ  Ί  Α  Ί
Π  Α  Ε  Π  Ι  Δ  Ε  Ξ  Ι  Ό  Τ  Η  Τ  Α
Ο  Φ  Ί  Α  Δ  Κ  Ο  Χ  Τ  Ψ  Υ  Ε  Ν  Ν
Ρ  Ι  Α  Ρ  Π  Δ  Η  Ε  Ν  Έ  Σ  Η  Η  Ά
Ί  Κ  Π  Ί  Δ  Υ  Ί  Π  Ω  Ί  Χ  Ι  Ν  Γ
Α  Ή  Κ  Υ  Ν  Ή  Γ  Ι  Ο  Ρ  Α  Ν  Α  Ν
Π  Α  Ι  Χ  Ν  Ί  Δ  Ι  Α  Υ  Μ  Έ  Η  Ω
Σ  Υ  Μ  Φ  Έ  Ρ  Ο  Ν  Τ  Α  Ρ  Γ  Ρ  Σ
Ε  Υ  Χ  Α  Ρ  Ί  Σ  Τ  Η  Σ  Η  Ι  Χ  Η
Ψ  Ά  Ρ  Ε  Μ  Α  Κ  Ε  Ρ  Α  Μ  Ι  Κ  Ή
Δ  Ρ  Α  Σ  Τ  Η  Ρ  Ι  Ό  Τ  Η  Τ  Α  Ή
```

ΤΈΧΝΗ	ΚΗΠΟΥΡΙΚΉ
ΒΙΟΤΕΧΝΊΑ	ΠΑΙΧΝΊΔΙΑ
ΔΡΑΣΤΗΡΙΌΤΗΤΑ	ΑΝΑΨΥΧΉ
ΚΥΝΉΓΙ	ΑΝΆΓΝΩΣΗ
ΠΕΖΟΠΟΡΊΑ	ΜΑΓΕΊΑ
ΚΕΡΑΜΙΚΉ	ΨΆΡΕΜΑ
ΦΩΤΟΓΡΑΦΊΑ	ΖΩΓΡΑΦΙΚΉ
ΕΠΙΔΕΞΙΌΤΗΤΑ	ΕΥΧΑΡΊΣΤΗΣΗ
ΣΥΜΦΈΡΟΝΤΑ	ΧΑΛΆΡΩΣΗ

3 - Churrascos

```
Σ  Ξ  Δ  Ί  Κ  Ι  Ψ  Η  Υ  Σ  Π  Έ  Σ  Μ
Α  Λ  Ά  Τ  Ι  Ο  Ν  Έ  Ε  Λ  Α  Γ  Δ  Ο
Λ  Γ  Ψ  Ζ  Ε  Σ  Τ  Ό  Σ  Υ  Ι  Ω  Ε  Υ
Ά  Ί  Δ  Α  Π  Δ  Ο  Ό  Π  Χ  Δ  Α  Ί  Σ
Τ  Μ  Τ  Υ  Β  Σ  Μ  Π  Π  Ι  Ί  Β  Π  Ι
Α  Σ  Β  Ξ  Λ  Υ  Ά  Ε  Π  Ο  Π  Σ  Ν  Κ
Γ  Ε  Ύ  Μ  Α  Σ  Τ  Ί  Α  Μ  Υ  Έ  Ο  Ή
Ι  Ρ  Δ  Λ  Α  Χ  Α  Ν  Ι  Κ  Ά  Λ  Ρ  Π
Φ  Ξ  Ψ  Μ  Γ  Ά  Σ  Α  Χ  Ω  Β  Π  Ο  Ι
Μ  Ρ  Ψ  Ϲ  Ο  Ρ  Ά  Η  Ν  Έ  Χ  Χ  Χ  Ο
Λ  Β  Ο  Μ  Ι  Α  Λ  Ω  Ί  Η  Μ  Μ  Β  Ο
Ξ  Δ  Ν  Ύ  Χ  Ο  Τ  Ω  Δ  Ψ  Ν  Ι  Ι  Ο
Π  Χ  Π  Τ  Τ  Ν  Σ  Ν  Ι  Β  Μ  Α  Η  Σ
Ε  Ψ  Π  Ε  Χ  Ο  Α  Ρ  Α  Ξ  Γ  Δ  Σ  Π
```

ΓΕΎΜΑ

ΠΑΙΔΊ

ΠΕΊΝΑ

ΚΟΤΌΠΟΥΛΟ

ΦΡΟΎΤΟ

ΣΧΆΡΑ

ΔΕΊΠΝΟ

ΠΑΙΧΝΊΔΙΑ

ΛΑΧΑΝΙΚΆ

ΣΆΛΤΣΑ

ΜΟΥΣΙΚΉ

ΠΙΠΈΡΙ

ΖΕΣΤΌ

ΑΛΆΤΙ

ΣΑΛΆΤΑ

ΝΤΟΜΆΤΑ

4 - Pesca

```
Δ  Ν  Υ  Ε  Ξ  Λ  Ί  Μ  Ν  Η  Ο  Η  Ι  Υ
Ο  Ό  Υ  Ω  Σ  Π  Τ  Ε  Ρ  Ύ  Γ  Ι  Α  Π
Ν  Ε  Λ  Υ  Ν  Η  Σ  Ύ  Ρ  Μ  Α  Ω  Ζ  Ε
Ω  Ε  Λ  Ω  Π  Α  Ρ  Α  Λ  Ί  Α  Κ  Υ  Ρ
Ψ  Δ  Ρ  Ε  Μ  Ο  Ι  Ε  Ο  Ω  Β  Ε  Γ  Β
Β  Τ  Β  Ό  Ξ  Α  Μ  Ξ  Γ  Β  Ρ  Α  Ί  Ο
Ε  Π  Ο  Χ  Ή  Ω  Χ  Ο  Ε  Ψ  Ά  Ν  Ζ  Λ
Υ  Ο  Υ  Α  Ι  Ξ  Σ  Π  Ν  Π  Γ  Ό  Ω  Ή
Ι  Κ  Α  Ν  Χ  Χ  Χ  Λ  Λ  Ή  Χ  Σ  Δ  Γ
Η  Α  Υ  Μ  Λ  Ξ  Ψ  Ι  Γ  Τ  Ι  Ι  Π  Χ
Ψ  Λ  Ί  Ο  Α  Ν  Π  Σ  Ί  Έ  Α  Ν  Έ  Β
Β  Ά  Ρ  Κ  Α  Έ  Έ  Μ  Σ  Δ  Γ  Ε  Ξ  Ε
Λ  Θ  Π  Ο  Τ  Α  Μ  Ό  Σ  Α  Γ  Ό  Ν  Ι
Ρ  Ι  Ν  Ά  Γ  Κ  Ι  Σ  Τ  Ρ  Ο  Α  Ί  Λ
```

ΝΕΡΌ	ΔΌΛΩΜΑ
ΠΤΕΡΎΓΙΑ	ΛΊΜΝΗ
ΒΆΡΚΑ	ΣΑΓΌΝΙ
ΒΡΆΓΧΙΑ	ΩΚΕΑΝΌΣ
ΚΑΛΆΘΙ	ΥΠΟΜΟΝΉ
ΕΞΟΠΛΙΣΜΌΣ	ΖΥΓΊΖΩ
ΥΠΕΡΒΟΛΉ	ΠΑΡΑΛΊΑ
ΣΎΡΜΑ	ΠΟΤΑΜΌΣ
ΆΓΚΙΣΤΡΟ	ΕΠΟΧΉ

5 - Geologia

Λ	Έ	Ω	Η	Χ	Ο	Ί	Ρ	Ρ	Λ	Ά	Β	Α	
Ι	Τ	Ο	Μ	Κ	Ρ	Ύ	Σ	Τ	Α	Λ	Λ	Α	Λ
Π	Β	Π	Ψ	Μ	Υ	Χ	Μ	Ο	Β	Γ	Σ	Λ	Ά
Ή	Ε	Β	Β	Η	Κ	Σ	Ε	Ι	Σ	Μ	Ό	Σ	Τ
Π	Έ	Τ	Ρ	Α	Τ	Τ	Α	Ο	Τ	Κ	Η	Π	Ι
Ε	Σ	Ζ	Ι	Α	Ά	Α	Π	Ρ	Α	Ο	Φ	Ή	Δ
Ι	Τ	Ώ	Χ	Σ	Λ	Λ	Ο	Ο	Λ	Ρ	Α	Λ	Ι
Ρ	Ρ	Ν	Α	Β	Α	Α	Λ	Π	Α	Ά	Ί	Α	Ά
Ο	Ώ	Η	Λ	Έ	Έ	Γ	Ί	Έ	Κ	Λ	Σ	Ι	Β
Σ	Μ	Δ	Α	Σ	Α	Μ	Θ	Δ	Τ	Λ	Τ	Ο	Ρ
Ο	Α	Ρ	Ζ	Τ	Ί	Ι	Ω	Ι	Ί	Ι	Ε	Έ	Ω
Μ	Ε	Λ	Ί	Ι	Σ	Τ	Μ	Ο	Τ	Σ	Ι	Π	Σ
Ι	Α	Ύ	Α	Ο	Ξ	Ε	Α	Ι	Η	Δ	Ο	Δ	Η
Γ	Η	Λ	Ω	Υ	Ν	Σ	Μ	Π	Σ	Υ	Μ	Σ	Σ

ΟΞΎ
ΣΤΡΏΜΑ
ΣΠΉΛΑΙΟ
ΑΣΒΈΣΤΙΟ
ΉΠΕΙΡΟΣ
ΚΟΡΆΛΛΙ
ΚΡΎΣΤΑΛΛΑ
ΔΙΆΒΡΩΣΗ
ΣΤΑΛΑΚΤΊΤΗΣ
ΣΤΑΛΑΓΜΙΤΕΣ

ΑΠΟΛΊΘΩΜΑ
ΛΆΒΑ
ΟΡΥΚΤΆ
ΠΈΤΡΑ
ΟΡΟΠΈΔΙΟ
ΧΑΛΑΖΊΑ
ΑΛΆΤΙ
ΣΕΙΣΜΌΣ
ΗΦΑΊΣΤΕΙΟ
ΖΏΝΗ

6 - Μόνεις

```
Γ  Η  Ι  Α  Β  Ι  Β  Λ  Ι  Ο  Θ  Ή  Κ  Η
Ν  Ρ  Π  Έ  Ι  Υ  Έ  Γ  Β  Α  Ψ  Β  Α  Φ
Π  Π  Α  Μ  Β  Ώ  Ξ  Χ  Α  Λ  Ί  Π  Ρ  Ο
Δ  Ο  Γ  Φ  Ι  Ξ  Ρ  Η  Ψ  Ψ  Χ  Λ  Έ  Υ
Π  Λ  Κ  Δ  Ε  Β  Ι  Α  Η  Γ  Ω  Ε  Κ  Τ
Π  Υ  Ά  Κ  Σ  Ί  Έ  Ν  Χ  Α  Δ  Ε  Λ  Ό
Ξ  Θ  Κ  Ο  Α  Κ  Ο  Υ  Ρ  Τ  Ί  Ν  Α  Ν
Κ  Ρ  Ι  Μ  Ψ  Θ  Μ  Α  Ξ  Ι  Λ  Ά  Ρ  Ι
Α  Ό  Η  Μ  Λ  Δ  Ρ  Κ  Ρ  Ε  Β  Ά  Τ  Ι
Ν  Ν  Μ  Ό  Ω  Τ  Ρ  Ε  Ξ  Ι  Η  Β  Ε  Χ
Α  Α  Γ  Ο  Ε  Γ  Υ  Ι  Φ  Ρ  Ά  Φ  Ι  Α
Π  Σ  Ι  Χ  Υ  Δ  Ω  Τ  Σ  Τ  Ρ  Ώ  Μ  Α
Έ  Μ  Α  Ξ  Ι  Λ  Ά  Ρ  Ι  Α  Η  Ί  Ε  Ί
Ξ  Ι  Ν  Μ  Ω  Γ  Ψ  Έ  Δ  Δ  Μ  Σ  Η  Μ
```

ΜΑΞΙΛΆΡΙ	ΒΙΒΛΙΟΘΉΚΗ
ΜΑΞΙΛΆΡΙΑ	ΦΟΥΤΟΝ
ΠΑΓΚΆΚΙ	ΑΙΏΡΑ
ΚΑΡΈΚΛΑ	ΓΡΑΦΕΊΟ
ΚΡΕΒΆΤΙ	ΠΟΛΥΘΡΌΝΑ
ΣΤΡΏΜΑ	ΡΆΦΙΑ
ΚΟΥΡΤΊΝΑ	ΚΑΝΑΠΈ
ΚΟΜΜΌ	ΧΑΛΊ
ΚΑΘΡΕΦΤΗΣ	

7 - Tempo

```
Σ  Δ  Ψ  Ο  Ρ  Δ  Ω  Σ  Ή  Μ  Ε  Ρ  Α  Υ
Μ  Τ  Σ  Ρ  Λ  Β  Π  Λ  Δ  Ή  Β  Ο  Ι  Η
Γ  Έ  Ι  Ί  Ι  Γ  Λ  Λ  Ρ  Ν  Δ  Λ  Ω  Χ
Ε  Έ  Λ  Γ  Η  Α  Ε  Α  Ρ  Α  Ο  Ό  Α  Η
Τ  Σ  Τ  Λ  Μ  Ξ  Π  Ι  Α  Σ  Μ  Ι  Έ  Μ
Ή  Δ  Μ  Τ  Ο  Ή  Τ  Ώ  Χ  Ο  Ά  Β  Ν  Ε
Σ  Έ  Ε  Σ  Ε  Ν  Ό  Ν  Ο  Α  Δ  Ρ  Υ  Ρ
Ι  Ν  Σ  Κ  Β  Υ  Ν  Α  Β  Ξ  Α  Π  Α  Ο
Α  Ψ  Η  Χ  Α  Τ  Ύ  Σ  Ω  Υ  Π  Ξ  Η  Λ
Ψ  Λ  Μ  Θ  Ψ  Ε  Χ  Δ  Ξ  Ώ  Ρ  Α  Π  Ό
Χ  Χ  Έ  Ε  Η  Ε  Τ  Ο  Σ  Δ  Ι  Έ  Ρ  Γ
Χ  Ο  Ρ  Σ  Λ  Η  Α  Ί  Γ  Ι  Ν  Π  Ω  Ι
Γ  Έ  Ι  Μ  Έ  Ρ  Α  Ο  Α  Ρ  Έ  Ε  Ί  Ο
Ι  Τ  Ώ  Ρ  Α  Β  Η  Έ  Έ  Π  Χ  Η  Λ  Χ
```

ΤΏΡΑ	ΠΡΩΪ
ΕΤΟΣ	ΜΕΣΗΜΈΡΙ
ΠΡΙΝ	ΜΉΝΑΣ
ΕΤΉΣΙΑ	ΛΕΠΤΌ
ΗΜΕΡΟΛΌΓΙΟ	ΣΤΙΓΜΉ
ΔΕΚΑΕΤΊΑ	ΝΎΧΤΑ
ΜΈΡΑ	ΧΘΕΣ
ΜΈΛΛΟΝ	ΡΟΛΌΙ
ΣΉΜΕΡΑ	ΕΒΔΟΜΆΔΑ
ΏΡΑ	ΑΙΏΝΑΣ

8 - Astronomia

```
Μ  Α  Π  Ξ  Ο  Γ  Α  Λ  Α  Ξ  Ί  Α  Σ  Π
Ί  Σ  Ι  Ρ  Α  Υ  Ι  Β  Α  Ψ  Β  Σ  Ύ  Α
Έ  Τ  Β  Ρ  Μ  Χ  Ρ  Ε  Ι  Β  Μ  Τ  Μ  Ρ
Α  Ρ  Γ  Ε  Α  Έ  Λ  Α  Έ  Υ  Ρ  Ε  Π  Α
Κ  Ο  Ο  Β  Έ  Δ  Ε  Β  Ν  Η  Χ  Ρ  Α  Τ
Τ  Ν  Ε  Φ  Έ  Λ  Ω  Μ  Α  Ό  Β  Ο  Ν  Η
Ι  Α  Σ  Τ  Ε  Ρ  Ι  Σ  Μ  Ό  Σ  Ε  Γ  Ρ
Ν  Ύ  Υ  Γ  Π  Σ  Β  Ρ  Δ  Μ  Σ  Ι  Η  Η
Ο  Τ  Ρ  Ο  Υ  Κ  Έ  Τ  Α  Ε  Η  Δ  Α  Τ
Β  Η  Φ  Ε  Γ  Γ  Ά  Ρ  Ι  Τ  Λ  Ή  Ω  Ή
Ο  Σ  Π  Χ  Δ  Η  Μ  Λ  Ε  Έ  Ι  Σ  Λ  Ρ
Λ  Ι  Σ  Η  Μ  Ε  Ρ  Ί  Α  Ω  Α  Έ  Υ  Ι
Ί  Β  Α  Ρ  Ύ  Τ  Η  Τ  Α  Ρ  Κ  Λ  Ν  Ο
Α  Έ  Κ  Λ  Ε  Ι  Ψ  Η  Τ  Ο  Ή  Μ  Η  Ξ
```

ΑΣΤΕΡΟΕΙΔΉΣ	ΦΕΓΓΆΡΙ
ΑΣΤΡΟΝΑΎΤΗΣ	ΜΕΤΈΩΡΟ
ΟΥΡΑΝΌΣ	ΝΕΦΈΛΩΜΑ
ΑΣΤΕΡΙΣΜΌ	ΠΑΡΑΤΗΡΗΤΉΡΙΟ
ΈΚΛΕΙΨΗ	ΑΚΤΙΝΟΒΟΛΊΑ
ΙΣΗΜΕΡΊΑ	ΗΛΙΑΚΉ
ΡΟΥΚΈΤΑ	ΓΗ
ΓΑΛΑΞΊΑΣ	ΣΎΜΠΑΝ
ΒΑΡΎΤΗΤΑ	

9 - Circo

```
Σ  Χ  Ε  Σ  Έ  Π  Ο  Ψ  Ψ  Έ  Θ  Τ  Μ  Δ
Ι  Κ  Ο  Σ  Τ  Ο  Ύ  Μ  Ι  Μ  Ε  Μ  Α  Α
Β  Χ  Η  Κ  Α  Ρ  Α  Μ  Έ  Λ  Α  Υ  Λ  Ν
Ζ  Μ  Η  Ν  Μ  Ν  Λ  Ι  Ο  Ν  Τ  Ά  Ρ  Ι
Κ  Ώ  Ο  Ν  Ή  Ε  Ι  Σ  Ι  Τ  Ή  Ρ  Ι  Ο
Ό  Π  Α  Ρ  Έ  Λ  Α  Σ  Η  Β  Σ  Ξ  Α  Έ
Λ  Ξ  Ο  Ν  Π  Έ  Ψ  Μ  Ο  Υ  Σ  Ι  Κ  Ή
Π  Γ  Ζ  Μ  Π  Φ  Ε  Α  Η  Χ  Ρ  Λ  Ρ  Γ
Ο  Μ  Ο  Σ  Υ  Α  Τ  Γ  Α  Α  Λ  Ο  Ο  Α
Τ  Ί  Γ  Ρ  Η  Ν  Ρ  Ε  Η  Τ  Ξ  Γ  Β  Μ
Ξ  Δ  Κ  Ι  Τ  Τ  Λ  Ί  Π  Ν  Π  Έ  Ά  Ά
Ξ  Ο  Λ  Ο  Ψ  Α  Μ  Α  Ϊ  Μ  Ο  Ύ  Τ  Γ
Σ  Σ  Έ  Ε  Η  Σ  Κ  Λ  Ό  Ο  Υ  Ν  Η  Ο
Π  Ν  Ρ  Υ  Μ  Π  Α  Λ  Ό  Ν  Ι  Α  Σ  Σ
```

ΑΚΡΟΒΆΤΗΣ	ΜΑΓΕΊΑ
ΖΏΑ	ΖΟΓΚΛΈΡ
ΜΠΑΛΌΝΙΑ	ΜΆΓΟΣ
ΕΙΣΙΤΉΡΙΟ	ΜΟΥΣΙΚΉ
ΠΑΡΈΛΑΣΗ	ΚΛΌΟΥΝ
ΚΑΡΑΜΈΛΑ	ΣΚΗΝΉ
ΕΛΈΦΑΝΤΑΣ	ΤΊΓΡΗ
ΘΕΑΤΉΣ	ΚΟΣΤΟΎΜΙ
ΛΙΟΝΤΆΡΙ	ΚΌΛΠΟ
ΜΑΪΜΟΎ	

10 - Acampamento

```
Ω  Ο  Ο  Τ  Ξ  Ξ  Ο  Ψ  Λ  Ξ  Τ  Ι  Η  Γ
Ν  Ξ  Δ  Ρ  Ε  Ξ  Ο  Π  Λ  Ι  Σ  Μ  Ό  Σ
Ξ  Γ  Έ  Δ  Ε  Α  Β  Ω  Β  Ε  Τ  Ψ  Χ  Φ
Ξ  Σ  Η  Έ  Δ  Κ  Ο  Ζ  Δ  Ο  Ξ  Δ  Λ  Ε
Σ  Κ  Η  Ν  Ή  Α  Ι  Ώ  Ρ  Α  Υ  Έ  Ω  Γ
Χ  Ά  Ρ  Τ  Η  Ν  Σ  Α  Φ  Π  Φ  Ν  Ψ  Γ
Κ  Ψ  Β  Ο  Α  Ό  Λ  Ο  Ύ  Υ  Ω  Τ  Ό  Ά
Σ  Α  Τ  Μ  Λ  Υ  Ί  Χ  Σ  Ξ  Τ  Ρ  Γ  Ρ
Σ  Α  Μ  Ο  Χ  Ν  Μ  Ν  Η  Ί  Ι  Α  Κ  Ι
Χ  Ξ  Β  Π  Έ  Ω  Ν  Α  Γ  Δ  Ά  Ο  Α  Ω
Ο  Ν  Π  Ω  Ί  Η  Η  Ω  Ρ  Α  Δ  Ο  Π  Γ
Ι  Ε  Δ  Δ  Μ  Ν  Κ  Υ  Ν  Ή  Γ  Ι  Έ  Τ
Ν  Ξ  Ψ  Έ  Ι  Η  Α  Υ  Ι  Δ  Α  Α  Λ  Τ
Ί  Π  Ε  Ρ  Ι  Π  Έ  Τ  Ε  Ι  Α  Ε  Ο  Τ
```

ΖΏΑ	ΔΑΣΟΣ
ΠΕΡΙΠΈΤΕΙΑ	ΦΩΤΙΆ
ΔΈΝΤΡΑ	ΈΝΤΟΜΟ
ΠΥΞΊΔΑ	ΛΊΜΝΗ
ΚΑΜΠΊΝΑ	ΦΕΓΓΆΡΙ
ΚΥΝΉΓΙ	ΑΙΏΡΑ
ΚΑΝΌ	ΧΆΡΤΗ
ΚΑΠΈΛΟ	ΒΟΥΝΌ
ΣΧΟΙΝΊ	ΦΎΣΗ
ΕΞΟΠΛΙΣΜΌΣ	ΣΚΗΝΉ

11 - Emoções

```
Ω  Γ  Τ  Π  Ε  Ρ  Ι  Ε  Χ  Ό  Μ  Ε  Ν  Ο
Ί  Λ  Β  Χ  Π  Λ  Δ  Α  Ι  Σ  Έ  Σ  Υ
Ξ  Ι  Χ  Ω  Ι  Ρ  Υ  Μ  Χ  Τ  Ι  Η  Α  Χ
Β  Χ  Κ  Π  Σ  Κ  Λ  Π  Ί  Ρ  Π  Ν  Ι  Μ
Ξ  Α  Χ  Α  Λ  Α  Ρ  Ή  Θ  Υ  Μ  Ό  Σ  Η
Ο  Ρ  Έ  Γ  Ν  Λ  Μ  Τ  Ο  Φ  Ό  Β  Ο  Σ
Ε  Ά  Ρ  Ά  Λ  Ο  Η  Π  Δ  Ε  Θ  Ε  Σ  Έ
Μ  Υ  Ι  Π  Έ  Σ  Π  Λ  Χ  Ρ  Λ  Ι  Υ  Η
Έ  Ρ  Γ  Η  Β  Ύ  Ι  Ο  Β  Ό  Ί  Ρ  Μ  Ρ
Ί  Ι  Ε  Ν  Έ  Ν  Η  Λ  Ί  Τ  Ψ  Ή  Π  Ε
Ν  Γ  Ψ  Ε  Ώ  Η  Β  Ί  Ψ  Η  Η  Ν  Ό  Μ
Π  Λ  Ή  Ξ  Η  Μ  Χ  Η  Γ  Τ  Σ  Η  Ν  Ί
Σ  Ρ  Τ  Μ  Λ  Η  Ω  Ε  Β  Α  Υ  Α  Ι  Α
Ε  Υ  Δ  Α  Ι  Μ  Ο  Ν  Ί  Α  Β  Β  Α  Υ
```

ΧΑΡΆ	ΘΥΜΌΣ
ΑΓΆΠΗ	ΧΑΛΑΡΉ
ΕΥΔΑΙΜΟΝΊΑ	ΙΚΑΝΟΠΟΊΗΣΑ
ΚΑΛΟΣΎΝΗ	ΣΥΜΠΌΝΙΑ
ΠΕΡΙΕΧΌΜΕΝΟ	ΤΡΥΦΕΡΌΤΗΤΑ
ΕΥΓΝΏΜΩΝ	ΠΛΉΞΗ
ΦΌΒΟΣ	ΗΡΕΜΊΑ
ΕΙΡΉΝΗ	ΘΛΊΨΗ

12 - Ficção Científica

```
Π  Λ  Μ  Π  Υ  Η  Φ  Ω  Τ  Ι  Ά  Ο  Μ  Κ
Φ  Ο  Υ  Τ  Ο  Υ  Ρ  Ι  Σ  Τ  Ι  Κ  Ό  Ό
Τ  Γ  Σ  Β  Ι  Β  Λ  Ι  Α  Π  Ψ  Ν  Ά  Σ
Ψ  Ρ  Ε  Α  Λ  Ι  Σ  Τ  Ι  Κ  Ή  Γ  Κ  Μ
Φ  Α  Ν  Τ  Α  Σ  Τ  Ι  Κ  Ό  Μ  Α  Ρ  Ο
Β  Ψ  Ά  Μ  Α  Κ  Ρ  Ι  Ν  Ό  Α  Λ  Ο  Έ
Ω  Ί  Ρ  Ί  Ε  Τ  Σ  Π  Γ  Β  Ν  Α  Π  Κ
Τ  Π  Ι  Ο  Η  Ρ  Ο  Μ  Π  Ό  Τ  Ξ  Λ  Ρ
Λ  Ω  Ο  Έ  Ε  Ψ  Λ  Μ  Ω  Π  Ε  Ί  Α  Η
Δ  Υ  Σ  Τ  Ο  Π  Ί  Α  Ι  Υ  Ί  Α  Ν  Ξ
Ο  Υ  Τ  Ο  Π  Ί  Α  Υ  Λ  Κ  Ο  Σ  Ή  Η
Τ  Ε  Χ  Ν  Ο  Λ  Ο  Γ  Ί  Α  Ό  Α  Τ  Π
Ε  Α  Ν  Μ  Υ  Σ  Τ  Η  Ρ  Ι  Ώ  Δ  Η  Σ
Ρ  Ο  Έ  Ψ  Ε  Υ  Δ  Α  Ί  Σ  Θ  Η  Σ  Η
```

ΑΤΟΜΙΚΌ	ΦΑΝΤΑΣΤΙΚΌ
ΣΕΝΆΡΙΟ	ΒΙΒΛΙΑ
ΜΑΚΡΙΝΌ	ΜΥΣΤΗΡΙΏΔΗΣ
ΔΥΣΤΟΠΊΑ	ΚΌΣΜΟ
ΈΚΡΗΞΗ	ΜΑΝΤΕΊΟ
ΆΚΡΟ	ΠΛΑΝΉΤΗΣ
ΦΩΤΙΆ	ΡΕΑΛΙΣΤΙΚΉ
ΦΟΥΤΟΥΡΙΣΤΙΚΌ	ΡΟΜΠΌΤ
ΓΑΛΑΞΊΑΣ	ΤΕΧΝΟΛΟΓΊΑ
ΨΕΥΔΑΊΣΘΗΣΗ	ΟΥΤΟΠΊΑ

13 - Mitologia

Δ	Η	Μ	Ι	Ο	Υ	Ρ	Γ	Ί	Α	Ί	Ρ	Λ	Ή
Λ	Υ	Ν	Π	Ο	Λ	Ε	Μ	Ι	Σ	Τ	Η	Σ	Ρ
Σ	Α	Ψ	Π	Π	Θ	Ν	Η	Τ	Ό	Σ	Ρ	Τ	Ω
Η	Π	Β	Ζ	Ή	Λ	Ι	Α	Θ	Ε	Η	Δ	Έ	Α
Ρ	Ο	Ξ	Ύ	Μ	Μ	Ά	Ρ	Σ	Ρ	Π	Ί	Ρ	Σ
Ω	Λ	Α	Α	Ρ	Ψ	Γ	Σ	Χ	Ν	Ύ	Χ	Α	Γ
Ί	Ι	Ρ	Θ	Τ	Ι	Λ	Ο	Μ	Ξ	Β	Λ	Σ	Λ
Δ	Τ	Χ	Α	Δ	Δ	Ν	Γ	Σ	Α	Β	Ω	Ο	Α
Α	Ι	Έ	Ν	Ύ	Ν	Ι	Θ	Π	Ν	Ρ	Β	Η	Σ
Γ	Σ	Τ	Α	Ν	Α	Ω	Ν	Ο	Ξ	Ο	Β	Π	Τ
Μ	Μ	Υ	Σ	Α	Ξ	Ν	Π	Ρ	Σ	Ν	Γ	Ε	Ρ
Δ	Ό	Π	Ί	Μ	Α	Γ	Ι	Κ	Ό	Τ	Ο	Η	Α
Ι	Σ	Ο	Α	Η	Τ	Η	Α	Ν	Ε	Ή	Χ	Η	Π
Σ	Υ	Μ	Π	Ε	Ρ	Ι	Φ	Ο	Ρ	Ά	Ε	Υ	Ή

ΑΡΧΈΤΥΠΟ   ΉΡΩΑΣ
ΖΉΛΙΑ   ΑΘΑΝΑΣΊΑ
ΣΥΜΠΕΡΙΦΟΡΆ   ΛΑΒΎΡΙΝΘΟΣ
ΔΗΜΙΟΥΡΓΊΑ   ΘΡΎΛΟΣ
ΠΛΆΣΜΑ   ΜΑΓΙΚΌ
ΠΟΛΙΤΙΣΜΌΣ   ΤΈΡΑΣ
ΔΎΝΑΜΗ   ΘΝΗΤΌΣ
ΠΟΛΕΜΙΣΤΉΣ   ΑΣΤΡΑΠΉ
ΗΡΩΪΔΑ   ΒΡΟΝΤΉ

14 - Medições

Μ	Έ	Τ	Ρ	Ο	Ο	Λ	Ε	Π	Τ	Ό	Δ	Ρ	Γ
Χ	Δ	Σ	Ρ	Χ	Υ	Β	Κ	Χ	Ψ	Λ	Ε	Ν	Ρ
Β	Ι	Β	Ξ	Π	Γ	Ά	Α	Α	Η	Ί	Κ	Χ	Α
Μ	Μ	Λ	Έ	Ρ	Γ	Θ	Τ	Γ	Φ	Τ	Α	Δ	Μ
Ω	Ά	Ψ	Ι	Ξ	Ι	Ο	Ο	Ω	Ι	Ρ	Δ	Ί	Μ
Ν	Ι	Ζ	Β	Ό	Ά	Σ	Σ	Π	Ο	Ο	Ι	Ν	Ά
Έ	Ξ	Ε	Α	Ο	Μ	Λ	Τ	Υ	Λ	Ι	Κ	Τ	Ρ
Ν	Π	Ο	Θ	Μ	Ρ	Ε	Ό	Δ	Ε	Ά	Ό	Σ	Ι
Τ	Ψ	Ν	Μ	Τ	Γ	Γ	Τ	Λ	Ξ	Μ	Τ	Α	Ο
Α	Π	Β	Ό	Ψ	Ω	Χ	Ν	Ρ	Η	Ο	Ό	Ο	Μ
Σ	Β	Π	Σ	Ί	Χ	Ω	Ρ	Β	Ο	Έ	Ν	Σ	Σ
Η	Α	Ζ	Υ	Γ	Ί	Ζ	Ω	Μ	Ή	Κ	Ο	Σ	Δ
Χ	Ι	Λ	Ι	Ό	Γ	Ρ	Α	Μ	Μ	Ο	Σ	Ε	Υ
Υ	Ψ	Ο	Σ	Ι	Β	Ψ	Υ	Ο	Μ	Ρ	Χ	Ι	Β

ΎΨΟΣ	ΜΈΤΡΟ
ΨΗΦΙΟΛΕΞΗ	ΛΕΠΤΌ
ΕΚΑΤΟΣΤΌ	ΟΥΓΓΙΆ
ΜΉΚΟΣ	ΖΥΓΊΖΩ
ΔΕΚΑΔΙΚΌ	ΊΝΤΣΑ
ΓΡΑΜΜΆΡΙΟ	ΒΆΘΟΣ
ΒΑΘΜΌΣ	ΧΙΛΙΌΓΡΑΜΜΟ
ΠΛΆΤΟΣ	ΧΙΛΙΌΜΕΤΡΟ
ΛΊΤΡΟ	ΤΌΝΟΣ
ΜΆΖΑ	ΈΝΤΑΣΗ

15 - Plantas

```
Ρ  Σ  Β  Α  Ξ  Κ  Ί  Φ  Ύ  Λ  Λ  Ο  Β  Χ
Ω  Ί  Ο  Ν  Ξ  Ι  Δ  Α  Σ  Ο  Σ  Φ  Ο  Ω
Α  Β  Ζ  Ξ  Ί  Σ  Έ  Ε  Ω  Υ  Ι  Ύ  Τ  Μ
Γ  Λ  Σ  Α  Λ  Σ  Ν  Χ  Ρ  Λ  Ρ  Λ  Α  Σ
Β  Ά  Κ  Ε  Ε  Ό  Τ  Ψ  Β  Ο  Μ  Λ  Ν  Ι
Η  Σ  Ά  Ή  Μ  Σ  Ρ  Δ  Υ  Ύ  Ο  Ω  Ι  Ε
Β  Τ  Κ  Ψ  Π  Ω  Ο  Β  Τ  Δ  Ύ  Μ  Κ  Λ
Φ  Η  Τ  Ξ  Α  Ο  Μ  Ρ  Ό  Ι  Ρ  Α  Ή  Ί
Α  Σ  Ο  Δ  Μ  Π  Σ  Ύ  Υ  Τ  Ο  Α  Ί  Π
Σ  Η  Σ  Ψ  Π  Ί  Β  Α  Ε  Β  Α  Ω  Μ  Α
Ό  Ε  Β  Ε  Ο  Ε  Ρ  Ψ  Σ  Σ  Γ  Ν  Λ  Σ
Λ  Λ  Χ  Ψ  Ύ  Γ  Ρ  Α  Σ  Ί  Δ  Ι  Ο  Μ
Ι  Χ  Λ  Ω  Ρ  Ί  Δ  Α  Α  Α  Σ  Ω  Τ  Α
Ι  Π  Έ  Τ  Α  Λ  Ο  Α  Β  Υ  Λ  Ι  Ι  Ξ
```

ΔΈΝΤΡΟ	ΔΑΣΟΣ
ΜΟΎΡΟ	ΦΎΛΛΟ
ΜΠΑΜΠΟΎ	ΦΎΛΛΩΜΑ
ΒΟΤΑΝΙΚΉ	ΓΡΑΣΊΔΙ
ΚΆΚΤΟΣ	ΚΙΣΣΌΣ
ΒΌΤΑΝΟ	ΚΉΠΟΣ
ΦΑΣΌΛΙ	ΒΡΎΑ
ΛΊΠΑΣΜΑ	ΠΈΤΑΛΟ
ΛΟΥΛΟΎΔΙ	ΡΊΖΑ
ΧΛΩΡΊΔΑ	ΒΛΆΣΤΗΣΗ

16 - Veículos

```
Α Π Β Α Υ Τ Ο Κ Ί Ν Η Τ Ο Σ
Μ Β Α Π Ο Δ Ή Λ Α Τ Ο Τ Ξ Χ
Λ Η Ν Α Υ Ι Α Ψ Λ Ο Β Ρ Η Ε
Υ Ά Χ Λ Ε Ω Φ Ο Ρ Ε Ί Ο Ρ Δ
Ν Ρ Σ Α Τ Ρ Α Κ Τ Έ Ρ Χ Ο Ί
Υ Τ Ρ Τ Ν Φ Ο Ρ Τ Η Γ Ό Υ Α
Ο Δ Ι Ο Ι Ή Ο Π Ε Χ Δ Σ Κ Σ
Μ Ε Τ Ρ Ό Χ Δ Δ Λ Έ Ν Π Έ Κ
Υ Α Β Ά Ρ Κ Α Α Η Ά Ι Ι Τ Ο
Ε Λ Ι Κ Ό Π Τ Ε Ρ Ο Ν Τ Α Ύ
Α Γ Υ Π Ο Β Ρ Ύ Χ Ι Ο Ρ Τ
Δ Τ Ω Η Ν Ξ Τ Α Ξ Ί Χ Δ Ι Ε
Γ Ρ Ι Ν Ι Π Ο Ρ Θ Μ Ε Ί Ο Ρ
Α Σ Θ Ε Ν Ο Φ Ό Ρ Ο Λ Π Ε Ψ
```

ΑΣΘΕΝΟΦΌΡΟ	ΕΛΙΚΌΠΤΕΡΟ
ΑΕΡΟΠΛΆΝΟ	ΣΧΕΔΊΑ
ΠΟΡΘΜΕΊΟ	ΣΚΟΎΤΕΡ
ΒΆΡΚΑ	ΜΕΤΡΌ
ΠΟΔΉΛΑΤΟ	ΜΗΧΑΝΉ
ΦΟΡΤΗΓΌ	ΛΕΩΦΟΡΕΊΟ
ΤΡΟΧΌΣΠΙΤΟ	ΛΆΣΤΙΧΑ
ΑΥΤΟΚΊΝΗΤΟ	ΥΠΟΒΡΎΧΙΟ
ΡΟΥΚΈΤΑ	ΤΑΞΊ
ΒΑΝ	ΤΡΑΚΤΈΡ

17 - Restaurante # 2

```
Η  Μ  Δ  Ε  Ί  Π  Ν  Ο  Σ  Π  Π  Ρ  Λ  Α
Π  Ά  Γ  Ο  Σ  Ο  Ψ  Η  Ν  Α  Ν  Ν  Ι  Λ
Υ  Ι  Κ  Ο  Υ  Τ  Ά  Λ  Ι  Ο  Λ  Ο  Χ  Ά
Σ  Α  Ρ  Ε  Β  Ό  Ρ  Ω  Ξ  Ρ  Ν  Ά  Ρ  Τ
Ε  Ρ  Π  Ο  Π  Ε  Ι  Ί  Κ  Ε  Ό  Λ  Τ  Ι
Ρ  Γ  Ν  Ε  Ύ  Ε  Χ  Ξ  Α  Κ  Σ  Α  Δ  Α
Β  Ξ  Ε  Ι  Γ  Ν  Ι  Δ  Ρ  Τ  Τ  Ζ  Γ  Σ
Ι  Τ  Ρ  Ύ  Κ  Έ  Ι  Κ  Έ  Ι  Ι  Ά  Η  Ρ
Τ  Λ  Ό  Χ  Μ  Ρ  Α  Π  Κ  Κ  Μ  Ν  Π  Ξ
Ό  Δ  Υ  Β  Ξ  Α  Α  Μ  Λ  Ό  Ο  Ι  Ν  Π
Ρ  Έ  Ξ  Σ  Ο  Ύ  Π  Α  Α  Λ  Ί  Α  Ε  Μ
Ο  Μ  Π  Α  Χ  Α  Ρ  Ι  Κ  Ό  Ο  Ε  Ν  Ε
Σ  Δ  Φ  Ρ  Ο  Ύ  Τ  Ο  Μ  Ι  Χ  Ο  Μ  Π
Λ  Α  Χ  Α  Ν  Ι  Κ  Ά  Ί  Έ  Τ  Π  Μ  Η
```

ΓΕΎΜΑ	ΣΕΡΒΙΤΌΡΟΣ
ΟΡΕΚΤΙΚΌ	ΠΙΡΟΎΝΙ
ΝΕΡΌ	ΠΆΓΟΣ
ΠΟΤΌ	ΔΕΊΠΝΟ
ΚΈΙΚ	ΛΑΧΑΝΙΚΆ
ΚΑΡΈΚΛΑ	ΛΑΖΆΝΙΑ
ΚΟΥΤΆΛΙ	ΨΆΡΙ
ΝΌΣΤΙΜΟ	ΑΛΆΤΙ
ΜΠΑΧΑΡΙΚΌ	ΣΑΛΆΤΑ
ΦΡΟΎΤΟ	ΣΟΎΠΑ

18 - Países #2

Ι	Ρ	Ξ	Τ	Ζ	Α	Μ	Ά	Ι	Κ	Α	Ι	Ε	Ν
Δ	Ρ	Ω	Σ	Ί	Α	Ν	Β	Σ	Ψ	Ι	Α	Υ	Ε
Γ	Α	Λ	Λ	Ί	Α	Α	Ξ	Ο	Γ	Λ	Π	Β	Ν
Γ	Τ	Ν	Α	Ψ	Ν	Σ	Σ	Μ	Λ	Σ	Ω	Π	Ω
Β	Β	Ν	Ί	Ν	Δ	Έ	Λ	Α	Ν	Ω	Ν	Ι	Ο
Η	Ε	Σ	Τ	Α	Δ	Ο	Ί	Λ	Β	Π	Ί	Ν	Υ
Λ	Ρ	Ι	Α	Μ	Ε	Ί	Β	Ί	Ε	Ρ	Α	Δ	Κ
Ά	Α	Ϊ	Τ	Ή	Σ	Π	Α	Α	Σ	Ο	Χ	Ο	Ρ
Ο	Ε	Λ	Λ	Ά	Δ	Α	Ν	Ε	Π	Ά	Λ	Ν	Α
Σ	Ρ	Ξ	Β	Β	Ξ	Ρ	Ο	Μ	Δ	Ν	Δ	Η	Ν
Υ	Σ	Λ	Π	Α	Κ	Ι	Σ	Τ	Ά	Ν	Υ	Σ	Ί
Ρ	Χ	Ί	Ω	Τ	Ν	Ι	Γ	Η	Ρ	Ί	Α	Ί	Α
Ί	Μ	Π	Η	Λ	Χ	Ί	Μ	Π	Έ	Δ	Β	Α	Χ
Α	Μ	Ε	Ξ	Ι	Κ	Ό	Α	Έ	Ξ	Π	Σ	Η	Π

ΑΛΒΑΝΊΑ   ΛΊΒΑΝΟΣ
ΔΑΝΊΑ   ΜΕΞΙΚΌ
ΓΑΛΛΊΑ   ΝΕΠΆΛ
ΕΛΛΆΔΑ   ΝΙΓΗΡΊΑ
ΑΪΤΉ   ΠΑΚΙΣΤΆΝ
ΙΝΔΟΝΗΣΊΑ   ΡΩΣΊΑ
ΙΡΛΑΝΔΊΑ   ΣΥΡΊΑ
ΤΖΑΜΆΙΚΑ   ΣΟΜΑΛΊΑ
ΙΑΠΩΝΊΑ   ΟΥΚΡΑΝΊΑ
ΛΆΟΣ

19 - Cozinha

Τ	Δ	Μ	Ο	Ε	Κ	Κ	Ν	Σ	Λ	Ω	Σ	Ξ	Ψ
Γ	Η	Τ	Λ	Ί	Ξ	Ο	Ο	Ε	Β	Ψ	Χ	Υ	Υ
Ν	Λ	Ρ	Ω	Ρ	Ι	Η	Υ	Υ	Β	Γ	Ά	Λ	Γ
Ί	Φ	Ο	Ύ	Ρ	Ν	Ο	Σ	Τ	Τ	Ο	Ρ	Ά	Ε
Α	Ρ	Ω	Ω	Β	Ί	Ί	Υ	Β	Ά	Ά	Α	Κ	Ί
Δ	Λ	Α	Ί	Υ	Ο	Μ	Ν	Ρ	Σ	Λ	Λ	Ι	Ο
Σ	Έ	Δ	Λ	Β	Ι	Π	Τ	Α	Φ	Α	Ι	Α	Μ
Κ	Α	Ν	Ά	Τ	Α	Α	Α	Σ	Ο	Ο	Μ	Α	Α
Η	Ξ	Η	Η	Τ	Ξ	Χ	Γ	Τ	Υ	Δ	Μ	Ω	Χ
Κ	Ύ	Π	Ε	Λ	Λ	Α	Ή	Ή	Γ	Ξ	Γ	Η	Α
Π	Ο	Δ	Ι	Ά	Λ	Ρ	Ν	Ρ	Γ	Ι	Η	Ι	Ί
Π	Ι	Ρ	Ο	Ύ	Ν	Ι	Α	Α	Ά	Ω	Η	Ε	Ρ
Μ	Π	Ο	Λ	Χ	Ο	Κ	Ψ	Σ	Ρ	Ρ	Γ	Έ	Ι
Η	Ι	Μ	Δ	Τ	Ο	Ό	Δ	Υ	Ι	Υ	Δ	Ί	Α

ΠΟΔΙΆ   ΦΟΎΡΝΟΣ
ΒΡΑΣΤΉΡΑΣ   ΠΙΡΟΎΝΙΑ
ΚΟΥΤΆΛΙΑ   ΨΥΓΕΊΟ
ΚΟΥΤΆΛΑ   ΣΧΆΡΑ
ΚΎΠΕΛΛΑ   ΚΑΝΆΤΑ
ΜΠΑΧΑΡΙΚΌ   ΞΥΛΆΚΙΑ
ΣΦΟΥΓΓΆΡΙ   ΣΥΝΤΑΓΉ
ΜΑΧΑΊΡΙΑ   ΜΠΟΛ

20 - Brinquedos

```
Β  Η  Λ  Ι  Α  Ω  Χ  Λ  Κ  Ο  Ύ  Κ  Λ  Α
Γ  Α  Α  Τ  Η  Γ  Ρ  Τ  Φ  Π  Τ  Β  Β  Ε
Μ  Υ  Α  Μ  Υ  Έ  Ώ  Ρ  Α  Α  Ω  Α  Μ  Ρ
Β  Ι  Β  Λ  Ι  Α  Μ  Γ  Ν  Ι  Ρ  Υ  Δ  Ο
Ι  Μ  Ρ  Σ  Έ  Υ  Α  Ι  Τ  Χ  Μ  Τ  Ν  Π
Ο  Β  Π  Κ  Ρ  Έ  Τ  Ι  Α  Ν  Α  Ο  Σ  Λ
Τ  Υ  Ρ  Ά  Γ  Ο  Α  Υ  Σ  Ί  Τ  Κ  Τ  Ά
Ε  Ν  Α  Κ  Λ  Ν  Μ  Έ  Ί  Δ  Ύ  Ί  Φ  Ν
Χ  Α  Ξ  Ι  Τ  Α  Ξ  Π  Α  Ι  Μ  Ν  Ο  Ο
Ν  Β  Ά  Ρ  Κ  Α  Ν  Ν  Ό  Α  Π  Η  Ρ  Υ
Ί  Π  Ο  Δ  Ή  Λ  Α  Τ  Ο  Τ  Α  Τ  Τ  Ν
Α  Χ  Α  Ρ  Τ  Α  Ε  Τ  Ό  Σ  Ν  Ο  Η  Υ
Α  Γ  Α  Π  Η  Μ  Έ  Ν  Ο  Σ  Α  Ι  Γ  Ψ
Ε  Έ  Ν  Δ  Η  Π  Ω  Σ  Ψ  Χ  Ψ  Η  Ό  Η
```

ΒΙΟΤΕΧΝΊΑ
ΑΕΡΟΠΛΆΝΟ
ΒΆΡΚΑ
ΤΎΜΠΑΝΑ
ΠΟΔΉΛΑΤΟ
ΜΠΆΛΑ
ΚΟΎΚΛΑ
ΦΟΡΤΗΓΟ
ΑΥΤΟΚΊΝΗΤΟ

ΑΓΑΠΗΜΈΝΟΣ
ΦΑΝΤΑΣΊΑ
ΠΑΙΧΝΊΔΙΑ
ΒΙΒΛΙΑ
ΧΑΡΤΑΕΤΌΣ
ΡΟΜΠΌΤ
ΧΡΏΜΑΤΑ
ΣΚΆΚΙ

21 - Verão

```
Ν Ί Υ Θ Ο Ρ Ε Β Ψ Δ Δ Ο Α Μ
Β Γ Λ Κ Ά Μ Π Ι Ν Γ Κ Λ Β Ρ
Κ Ι Υ Σ Τ Λ Έ Ν Δ Π Χ Γ Η Κ
Ι Ή Β Χ Υ Π Α Ι Χ Ν Ί Δ Ι Α
Γ Λ Π Λ Ί Ρ Σ Σ Π Ί Τ Ι Ο Τ
Ν Ρ Ψ Ο Ι Ψ Β Α Σ Τ Έ Ρ Ι Α
Ί Ί Γ Λ Σ Α Ρ Ν Χ Α Ρ Ά Κ Δ
Α Ν Α Ψ Υ Χ Ή Δ Α Τ Μ Ρ Ο Ύ
Μ Ο Υ Σ Ι Κ Ή Ά Λ Α Β Υ Γ Σ
Φ Ί Λ Ο Ι Ψ Α Λ Ά Ξ Α Ί Έ Ε
Δ Β Η Ψ Η Π Ρ Ι Ρ Ί Ι Γ Ν Ι
Μ Π Α Ρ Α Λ Ί Α Ω Δ Η Σ Ε Σ
Η Ο Ν Ί Ν Ε Μ Ρ Σ Ι Β Γ Ι Σ
Ξ Α Μ Ι Ν Ί Γ Ξ Η Ί Μ Σ Α Ί
```

ΚΆΜΠΙΝΓΚ	ΒΙΒΛΙΑ
ΧΑΡΆ	ΘΆΛΑΣΣΑ
ΦΊΛΟΙ	ΚΑΤΑΔΎΣΕΙΣ
ΣΠΊΤΙ	ΜΟΥΣΙΚΉ
ΑΣΤΈΡΙΑ	ΠΑΡΑΛΊΑ
ΟΙΚΟΓΈΝΕΙΑ	ΧΑΛΆΡΩΣΗ
ΚΉΠΟΣ	ΣΑΝΔΆΛΙΑ
ΠΑΙΧΝΊΔΙΑ	ΤΑΞΊΔΙ
ΑΝΑΨΥΧΉ	

22 - Material de Arte

```
Ο  Ο  Ί  Χ  Ρ  Ώ  Μ  Α  Τ  Α  Π  Τ  Ψ  Χ
Π  Α  Σ  Τ  Έ  Λ  Ο  Ξ  Π  Ρ  Γ  Ρ  Ο  Έ
Γ  Τ  Ν  Β  Χ  Π  Λ  Ά  Δ  Ι  Ξ  Α  Λ  Ω
Κ  Ό  Λ  Λ  Α  Έ  Ύ  Α  Η  Ξ  Β  Π  Ψ  Α
Σ  Ά  Μ  Κ  Ρ  Η  Β  Ω  Ν  Ι  Ρ  Έ  Ξ  Κ
Ι  Ε  Ρ  Α  Τ  Π  Ι  Ν  Έ  Λ  Ο  Ζ  Β  Ο
Μ  Ν  Λ  Β  Ί  Έ  Α  Ε  Β  Ί  Λ  Ι  Ν  Υ
Ε  Η  Π  Α  Ο  Α  Κ  Ρ  Υ  Λ  Ι  Κ  Ό  Α
Λ  Ο  Σ  Λ  Ν  Υ  Μ  Ό  Λ  Ω  Χ  Χ  Ί  Ρ
Ά  Ο  Σ  Έ  Μ  Ί  Ν  Σ  Χ  Β  Ν  Ξ  Ξ  Έ
Ν  Ψ  Ν  Τ  Χ  Β  Χ  Ο  Έ  Σ  Γ  Α  Μ  Λ
Ι  Ι  Ξ  Ο  Ί  Δ  Κ  Α  Ρ  Έ  Κ  Λ  Α  Ε
Ε  Ξ  Β  Ί  Λ  Ρ  Ν  Χ  Π  Η  Χ  Μ  Τ  Σ
Ί  Ψ  Τ  Ω  Η  Ξ  Γ  Γ  Ω  Ξ  Ο  Ψ  Γ  Ψ
```

ΑΚΡΥΛΙΚΌ
ΓΌΜΑ
ΑΚΟΥΑΡΈΛΕΣ
ΝΕΡΌ
ΚΑΡΈΚΛΑ
ΚΆΡΒΟΥΝΟ
ΚΑΒΑΛΈΤΟ
ΚΌΛΛΑ

ΧΡΏΜΑΤΑ
ΠΙΝΈΛΟ
ΜΟΛΎΒΙΑ
ΤΡΑΠΈΖΙ
ΛΆΔΙ
ΧΑΡΤΊ
ΠΑΣΤΈΛ
ΜΕΛΆΝΙ

23 - Números

```
Χ Π Γ Β Γ Ι Μ Η Δ Έ Ν Τ Ξ Ο
Δ Ε Κ Α Έ Ξ Ι Τ Ε Έ Β Π Τ Υ
Ε Ί Ξ Ε Δ Ύ Ο Β Κ Ο Κ Τ Ώ Ρ
Κ Κ Τ Έ Σ Σ Ε Ρ Α Ε Ξ Α Γ Δ
Α Ο Δ Χ Ί Γ Έ Ω Ο Ε Ν Έ Ρ Δ
Τ Σ Ε Ί Έ Μ Ρ Ι Κ Έ Ί Ν Έ Ε
Έ Ι Κ Ί Χ Σ Ρ Ι Τ Ρ Ί Α Έ Κ
Σ Γ Α Τ Δ Ω Ρ Ω Ώ Ι Υ Χ Ω Α
Σ Ρ Π Γ Λ Έ Δ Ώ Δ Ε Κ Α Ρ Δ
Ε Δ Έ Χ Ω Ί Ξ Γ Ψ Α Τ Υ Έ Ι
Ρ Ε Ν Α Π Α Α Ι Υ Λ Λ Έ Τ Κ
Α Β Τ Δ Ε Κ Α Τ Ρ Ί Α Ν Ί Ό
Ε Υ Ε Δ Τ Δ Ε Κ Α Ε Π Τ Ά Ι
Π Έ Ν Τ Ε Π Τ Ά Ρ Έ Ι Β Ν Ψ
```

ΠΈΝΤΕ	ΔΕΚΑΤΈΣΣΕΡΑ
ΔΕΚΑΔΙΚΌ	ΤΈΣΣΕΡΑ
ΔΈΚΑ	ΔΕΚΑΠΈΝΤΕ
ΔΕΚΑΈΞΙ	ΈΞΙ
ΔΕΚΑΕΠΤΆ	ΕΠΤΆ
ΔΕΚΑΟΚΤΏ	ΔΕΚΑΤΡΊΑ
ΔΎΟ	ΤΡΊΑ
ΔΏΔΕΚΑ	ΈΝΑ
ΕΝΝΈΑ	ΕΊΚΟΣΙ
ΟΚΤΏ	ΜΗΔΈΝ

24 - Ferramentas

Ί	Ξ	Ψ	Δ	Τ	Υ	Γ	Η	Σ	Κ	Ά	Λ	Α	Ψ
Δ	Υ	Υ	Α	Έ	Δ	Ν	Ι	Υ	Χ	Ι	Λ	Ω	Ν
Τ	Ρ	Ο	Χ	Ό	Σ	Ι	Ο	Ν	Ω	Ο	Ω	Α	Δ
Α	Ά	Χ	Ε	Ί	Ι	Έ	Χ	Σ	Ί	Λ	Ι	Η	Α
Η	Φ	Τ	Υ	Ά	Ρ	Ι	Ι	Ρ	Ι	Ω	Ν	Ν	Β
Ψ	Ι	Ε	Ψ	Τ	Ψ	Υ	Ι	Ρ	Ε	Α	Μ	Ρ	Ί
Μ	Α	Χ	Α	Ί	Ρ	Ι	Μ	Ρ	Τ	Χ	Ν	Σ	Δ
Α	Γ	Λ	Ρ	Έ	Ω	Δ	Α	Δ	Α	Μ	Ι	Β	Α
Ξ	Ρ	Υ	Ί	Ψ	Α	Τ	Σ	Ε	Κ	Ο	Ύ	Ρ	Ι
Η	Μ	Γ	Ε	Δ	Ν	Π	Έ	Φ	Κ	Ό	Λ	Λ	Α
Κ	Α	Λ	Ώ	Δ	Ι	Ο	Μ	Έ	Υ	Η	Χ	Υ	Ψ
Σ	Υ	Ρ	Ρ	Α	Π	Τ	Ι	Κ	Ό	Ρ	Ι	Ρ	Μ
Υ	Ρ	Π	Έ	Ν	Σ	Α	Ν	Έ	Σ	Ξ	Ί	Υ	Λ
Ο	Ε	Π	Ξ	Σ	Λ	Η	Η	Ψ	Ω	Α	Ψ	Λ	Ε

ΠΈΝΣΑ	ΣΦΥΡΊ
ΚΑΛΏΔΙΟ	ΞΥΡΆΦΙ
ΚΌΛΛΑ	ΒΊΔΑ
ΣΧΟΙΝΊ	ΦΤΥΆΡΙ
ΣΚΆΛΑ	ΤΡΟΧΌΣ
ΜΑΧΑΊΡΙ	ΨΑΛΊΔΙ
ΣΥΡΡΑΠΤΙΚΌ	ΔΑΔΑ
ΤΣΕΚΟΎΡΙ	

25 - Especiarias

```
Έ  Χ  Ρ  Ι  Σ  Ι  Ω  Ν  Δ  Υ  Η  Α  Γ  Γ
Δ  Λ  Υ  Γ  Α  Ρ  Ύ  Φ  Α  Λ  Λ  Ο  Λ  Δ
Ο  Δ  Α  Λ  Ε  Μ  Ά  Ρ  Α  Θ  Ο  Κ  Υ  Ί
Ω  Ξ  Γ  Υ  Κ  Ύ  Μ  Ι  Ν  Ο  Ξ  Ά  Κ  Γ
Ψ  Ω  Α  Κ  Σ  Ο  Σ  Ι  Η  Η  Ί  Ρ  Ά  Ω
Μ  Π  Ω  Ό  Κ  Ι  Ρ  Η  Ο  Δ  Α  Δ  Ν  Η
Ξ  Ι  Ν  Ή  Ά  Τ  Κ  Α  Ν  Έ  Λ  Α  Ι  Δ
Τ  Π  Ι  Κ  Ρ  Ή  Ζ  Β  Γ  Υ  Ά  Μ  Σ  Σ
Β  Έ  Ρ  Β  Υ  Ω  Ν  Ί  Α  Λ  Τ  Ο  Ο  Κ
Κ  Ρ  Ο  Κ  Ο  Σ  Β  Β  Ν  Ν  Ι  Έ  Ψ  Ό
Ο  Ι  Π  Χ  Ε  Ω  Μ  Έ  Τ  Τ  Ί  Ω  Λ  Ρ
Κ  Ρ  Ε  Μ  Μ  Ύ  Δ  Ι  Η  Μ  Ζ  Λ  Ξ  Δ
Μ  Ο  Σ  Χ  Ο  Κ  Ά  Ρ  Υ  Δ  Ο  Ε  Ι  Ο
Γ  Λ  Υ  Κ  Ό  Ρ  Ι  Ζ  Α  Ν  Δ  Ι  Ρ  Α
```

ΚΡΟΚΟΣ	ΚΡΕΜΜΎΔΙ
ΓΛΥΚΌΡΙΖΑ	ΚΎΜΙΝΟ
ΣΚΌΡΔΟ	ΓΑΡΎΦΑΛΛΟ
ΠΙΚΡΉ	ΓΛΥΚΌ
ΓΛΥΚΆΝΙΣΟ	ΜΆΡΑΘΟ
ΞΙΝΉ	ΤΖΊΝΤΖΕΡ
ΒΑΝΊΛΙΑ	ΜΟΣΧΟΚΆΡΥΔΟ
ΚΑΝΈΛΑ	ΠΙΠΈΡΙ
ΚΆΡΔΑΜΟ	ΓΕΎΣΗ
ΚΆΡΥ	ΑΛΆΤΙ

26 - Aniversário

```
Ι  Ο  Ε  Ώ  Τ  Β  Β  Γ  Ί  Σ  Η  Γ  Π  Ι
Ε  Η  Υ  Χ  Ρ  Ω  Ί  Ν  Ο  Ο  Μ  Ψ  Ρ  Ι
Δ  Δ  Τ  Α  Α  Α  Ε  Τ  Μ  Φ  Ε  Έ  Ό  Λ
Ν  Ρ  Υ  Ρ  Γ  Ξ  Σ  Χ  Ί  Ρ  Ψ  Σ  Β
Λ  Ξ  Χ  Ο  Ο  Ι  Ε  Ω  Γ  Α  Ο  Α  Κ  Λ
Χ  Έ  Ι  Ύ  Ύ  Ο  Ω  Έ  Σ  Υ  Λ  Κ  Λ  Έ
Δ  Χ  Σ  Μ  Δ  Ρ  Χ  Ω  Λ  Ί  Ό  Ε  Η  Ν
Τ  Ί  Μ  Ε  Ι  Τ  Κ  Έ  Ι  Κ  Γ  Ρ  Σ  Σ
Λ  Γ  Έ  Ν  Τ  Ή  Ψ  Σ  Φ  Ε  Ι  Ί  Η  Β
Ε  Έ  Ν  Ο  Β  Ο  Ω  Μ  Δ  Ί  Ο  Σ  Ν  Α
Ο  Ν  Ο  Π  Τ  Ε  Σ  Ί  Σ  Ρ  Λ  Δ  Π  Π
Μ  Έ  Ρ  Α  Κ  Ά  Ρ  Τ  Ε  Σ  Ι  Ο  Τ  Ψ
Δ  Δ  Ώ  Ρ  Ο  Ε  Ι  Δ  Ι  Κ  Ή  Α  Ι  Ί
Η  Π  Ρ  Δ  Π  Ί  Α  Ι  Γ  Ί  Ο  Υ  Γ  Ω
```

ΧΑΡΟΎΜΕΝΟ   ΠΡΌΣΚΛΗΣΗ
ΦΊΛΟΙ   ΜΈΡΑ
ΕΤΟΣ   ΔΏΡΟ
ΚΈΙΚ   ΕΙΔΙΚΉ
ΗΜΕΡΟΛΌΓΙΟ   ΕΥΤΥΧΙΣΜΈΝΟ
ΤΡΑΓΟΎΔΙ   ΣΟΦΊΑ
ΚΆΡΤΕΣ   ΏΡΑ
ΓΙΟΡΤΉ   ΚΕΡΊ

27 - Casa

```
Κ Ω Β Υ Π Ν Ο Δ Ω Μ Ά Τ Ι Ο
Ο Ο Ι Μ Π Α Ί Σ Κ Ο Ύ Π Α Ξ
Υ Α Β Ο Τ Ζ Ά Κ Ι Π Ό Ρ Τ Α
Ρ Κ Λ Ε Ι Δ Ι Ά Έ Σ Λ Ο Ν Ξ
Τ Ή Ι Τ Ν Γ Ω Κ Ο Υ Ζ Ί Ν Α
Ί Π Ο Υ Ο Χ Β Ί Έ Π Ι Π Λ Α
Ν Ο Θ Υ Έ Ί Ι Ν Β Α Β Δ Ν Ξ
Α Σ Ή Φ Ω Γ Χ Τ Ρ Ρ Ί Τ Μ Σ
Χ Η Κ Α Ρ Μ Γ Ο Χ Ά Ύ Ί Π Ο
Η Έ Η Δ Ρ Α Π Υ Σ Θ Λ Σ Λ Φ
Τ Α Β Ά Ν Ι Κ Σ Μ Υ Ε Ί Η Ί
Χ Α Λ Ί Λ Υ Ι Τ Έ Ρ Ε Ρ Β Τ
Γ Κ Α Ρ Ά Ζ Χ Γ Η Ο Τ Ο Μ Α
Ρ Κ Α Θ Ρ Ε Φ Τ Η Σ Τ Π Ρ Η
```

ΒΙΒΛΙΟΘΉΚΗ	ΤΖΆΚΙ
ΦΡΑΚΤΗΣ	ΈΠΙΠΛΑ
ΚΛΕΙΔΙΆ	ΤΟΊΧΟΣ
ΝΤΟΥΣ	ΠΌΡΤΑ
ΚΟΥΡΤΊΝΑ	ΥΠΝΟΔΩΜΆΤΙΟ
ΚΟΥΖΊΝΑ	ΣΟΦΊΤΑ
ΚΑΘΡΕΦΤΗΣ	ΧΑΛΊ
ΓΚΑΡΆΖ	ΤΑΒΆΝΙ
ΠΑΡΆΘΥΡΟ	ΒΡΎΣΗ
ΚΉΠΟΣ	ΣΚΟΎΠΑ

28 - Vegetais

```
Κ  Ρ  Ε  Μ  Μ  Ύ  Δ  Ι  Γ  Μ  Ο  Ε  Ί  Χ
Ί  Μ  Ε  Λ  Ι  Τ  Ζ  Ά  Ν  Α  Σ  Σ  Ο  Δ
Χ  Μ  Α  Γ  Γ  Ο  Ύ  Ρ  Ι  Ν  Α  Κ  Τ  Γ
Ψ  Μ  Π  Ι  Ζ  Έ  Λ  Ι  Ξ  Ι  Λ  Α  Ρ  Ρ
Ψ  Α  Α  Μ  Μ  Β  Ο  Ε  Μ  Τ  Ά  Λ  Λ  Α
Α  Ϊ  Τ  Υ  Ε  Χ  Α  Ε  Ί  Ά  Τ  Ω  Γ  Π
Γ  Ά  Ω  Η  Σ  Β  Ι  Χ  Ρ  Α  Ν  Ο  Α  Α
Κ  Τ  Τ  Λ  Ω  Έ  Δ  Π  Ε  Ι  Υ  Ί  Γ  Ν
Ι  Α  Α  Κ  Ο  Λ  Ο  Κ  Ύ  Θ  Α  Δ  Γ  Ά
Ν  Ν  Ρ  Γ  Μ  Ι  Π  Ε  Χ  Μ  Ω  Α  Ύ  Κ
Ά  Ό  Ε  Ό  Ρ  Ν  Σ  Κ  Ό  Ρ  Δ  Ο  Λ  Ι
Ρ  Σ  Γ  Ω  Τ  Ο  Ρ  Ρ  Π  Α  Ι  Β  Ι  Έ
Α  Σ  Ω  Β  Ρ  Ο  Σ  Π  Α  Ν  Ά  Κ  Ι  Ι
Μ  Π  Ρ  Ό  Κ  Ο  Λ  Ο  Χ  Ρ  Ο  Σ  Ρ  Δ
```

ΚΟΛΟΚΎΘΑ	ΕΣΚΑΛΩΝΊΔΑ
ΣΈΛΙΝΟ	ΜΑΝΙΤΆΡΙ
ΑΓΚΙΝΆΡΑ	ΜΠΙΖΈΛΙ
ΣΚΌΡΔΟ	ΣΠΑΝΆΚΙ
ΠΑΤΆΤΑ	ΓΟΓΓΎΛΙ
ΜΕΛΙΤΖΆΝΑ	ΑΓΓΟΎΡΙ
ΜΠΡΌΚΟΛΟ	ΡΑΠΑΝΆΚΙ
ΚΡΕΜΜΎΔΙ	ΣΑΛΆΤΑ
ΚΑΡΌΤΟ	ΜΑΪΝΤΑΝΌΣ

29 - Balé

```
Μ  Σ  Δ  Ί  Χ  Σ  Ι  Ε  Ά  Σ  Κ  Η  Σ  Η
Π  Υ  Ω  Σ  Ο  Ε  Τ  Κ  Ψ  Ω  Ο  Υ  Ξ  Ξ
Α  Ν  Ψ  Ε  Ρ  Τ  Ι  Φ  Ί  Υ  Ί  Ε  Π  Τ
Λ  Θ  Ρ  Α  Ο  Ε  Ο  Ρ  Χ  Ή  Σ  Τ  Ρ  Α
Α  Έ  Ε  Κ  Γ  Χ  Έ  Α  Ο  Έ  Ό  Ρ  Ό  Ψ
Ρ  Τ  Ω  Ρ  Ρ  Ν  Π  Σ  Χ  Ν  Λ  Υ  Β  Μ
Ί  Η  Μ  Ο  Α  Ι  Ο  Τ  Ο  Τ  Ο  Θ  Α  Η
Ν  Ν  Ο  Α  Φ  Κ  Δ  Ι  Ρ  Α  Η  Μ  Ε  Α
Α  Β  Υ  Τ  Ί  Ή  Ε  Κ  Ε  Σ  Ο  Ο  Ί  Ψ
Ι  Μ  Σ  Ή  Α  Β  Ε  Ή  Υ  Η  Χ  Ύ  Ν  Α
Χ  Ε  Ι  Ρ  Ο  Κ  Ρ  Ό  Τ  Η  Μ  Α  Τ  Α
Ρ  Σ  Κ  Ι  Γ  Υ  Α  Ν  Ε  Ψ  Γ  Ρ  Γ  Έ
Ν  Μ  Ή  Ο  Ο  Έ  Ο  Ε  Σ  Τ  Υ  Λ  Β  Β
Ε  Π  Ι  Δ  Ε  Ξ  Ι  Ό  Τ  Η  Τ  Α  Β  Π
```

ΧΕΙΡΟΚΡΌΤΗΜΑ	ΕΠΙΔΕΞΙΌΤΗΤΑ
ΜΠΑΛΑΡΊΝΑ	ΈΝΤΑΣΗ
ΣΥΝΘΈΤΗ	ΜΟΥΣΙΚΉ
ΧΟΡΟΓΡΑΦΊΑ	ΟΡΧΉΣΤΡΑ
ΧΟΡΕΥΤΕΣ	ΆΣΚΗΣΗ
ΠΡΌΒΑ	ΑΚΡΟΑΤΉΡΙΟ
ΣΤΥΛ	ΡΥΘΜΟΎ
ΕΚΦΡΑΣΤΙΚΉ	ΣΌΛΟ
ΧΕΙΡΟΝΟΜΊΑ	ΤΕΧΝΙΚΉ

30 - Adjetivos #1

```
Μ  Υ  Σ  Τ  Η  Ρ  Ι  Ώ  Δ  Η  Σ  Ξ  Ε  Ί
Α  Π  Ό  Λ  Υ  Τ  Η  Ρ  Λ  Ω  Τ  Ν  Δ  Ο
Ε  Λ  Κ  Υ  Σ  Τ  Ι  Κ  Ό  Δ  Χ  Φ  Έ  Χ
Τ  Ν  Κ  Α  Λ  Λ  Ι  Τ  Ε  Χ  Ν  Ι  Κ  Ή
Η  Υ  Σ  Σ  Ρ  Ι  Τ  Σ  Π  Ί  Δ  Λ  Μ  Σ
Τ  Λ  Η  Ο  Τ  Ω  Π  Έ  Ο  Ω  Υ  Ό  Ο  Κ
Σ  Ε  Μ  Β  Ε  Λ  Μ  Β  Λ  Έ  Σ  Δ  Ν  Ο
Φ  Ξ  Α  Α  Ρ  Ε  Ί  Α  Ύ  Ε  Ξ  Ο  Τ  Ύ
Α  Ω  Ν  Ρ  Ά  Π  Δ  Ρ  Τ  Τ  Ι  Ξ  Έ  Ρ
Γ  Τ  Τ  Ή  Σ  Τ  Ι  Ι  Ι  Ι  Β  Ο  Ρ  Ο
Ι  Ι  Ι  Ε  Τ  Ή  Α  Ά  Μ  Ξ  Κ  Έ  Ν  Ε
Τ  Κ  Κ  Ο  Ι  Μ  Δ  Β  Α  Έ  Δ  Ό  Ο  Γ
Η  Ό  Ό  Τ  Ο  Ν  Α  Ρ  Γ  Ή  Ν  Δ  Χ  Η
Γ  Ε  Ν  Ν  Α  Ι  Ό  Δ  Ω  Ρ  Η  Ο  Μ  Ξ
```

ΑΠΌΛΥΤΗ	ΓΕΝΝΑΪΌΔΩΡΗ
ΦΙΛΌΔΟΞΟ	ΊΔΙΑ
ΑΡΩΜΑΤΙΚΌ	ΣΗΜΑΝΤΙΚΌ
ΚΑΛΛΙΤΕΧΝΙΚΉ	ΑΡΓΉ
ΕΛΚΥΣΤΙΚΌ	ΜΥΣΤΗΡΙΏΔΗΣ
ΦΩΤΕΙΝΌ	ΜΟΝΤΈΡΝΟ
ΤΕΡΆΣΤΙΟ	ΤΈΛΕΙΟ
ΣΚΟΎΡΟ	ΒΑΡΙΆ
ΕΞΩΤΙΚΌ	ΣΟΒΑΡΉ
ΛΕΠΤΉ	ΠΟΛΎΤΙΜΑ

31 - Insetos

```
Σ  Κ  Α  Θ  Ά  Ρ  Ι  Ο  Μ  Σ  Β  Τ  Ξ  Π
Δ  Έ  Έ  Π  Α  Ψ  Α  Ρ  Έ  Κ  Κ  Ε  Π  Ε
Υ  Π  Α  Ί  Θ  Ρ  Ι  Α  Λ  Ο  Α  Ρ  Ψ  Τ
Μ  Κ  Ο  Υ  Ν  Ο  Ύ  Π  Ι  Υ  Τ  Μ  Ξ  Α
Σ  Ά  Υ  Ν  Υ  Ρ  Α  Α  Σ  Λ  Σ  Ί  Π  Λ
Ο  Φ  Ν  Τ  Δ  Χ  Κ  Σ  Σ  Ή  Α  Τ  Ρ  Ο
Α  Ξ  Ή  Τ  Η  Α  Ρ  Χ  Α  Κ  Ρ  Η  Ο  Ύ
Γ  Ψ  Χ  Κ  Η  Η  Ί  Α  Ί  Ι  Ί  Σ  Ν  Δ
Τ  Α  Υ  Τ  Α  Σ  Δ  Λ  Υ  Έ  Δ  Ψ  Ύ  Α
Σ  Κ  Ώ  Ρ  Ο  Σ  Α  Ί  Ι  Λ  Α  Λ  Μ  Δ
Σ  Ο  Α  Χ  Τ  Ζ  Ι  Τ  Ζ  Ί  Κ  Ι  Φ  Λ
Χ  Ρ  Δ  Ρ  Ν  Υ  Ί  Σ  Ψ  Ω  Ν  Ω  Η  Ψ
Μ  Ε  Λ  Ί  Γ  Κ  Ρ  Α  Ί  Π  Χ  Γ  Ε  Π
Μ  Υ  Ρ  Μ  Ή  Γ  Κ  Ι  Έ  Ι  Ξ  Ί  Δ  Ο
```

ΜΈΛΙΣΣΑ	ΠΡΟΝΎΜΦΗ
ΚΑΤΣΑΡΊΔΑ	ΜΆΝΤΗΣ
ΣΚΑΘΆΡΙ	ΣΚΏΡΟΣ
ΠΕΤΑΛΟΎΔΑ	ΣΚΟΥΛΉΚΙ
ΤΖΙΤΖΊΚΙ	ΚΟΥΝΟΎΠΙ
ΤΕΡΜΊΤΗΣ	ΥΠΑΊΘΡΙΑ
ΜΥΡΜΉΓΚΙ	ΜΕΛΊΓΚΡΑ
ΑΚΡΊΔΑ	ΣΦΉΚΑ
ΠΑΣΧΑΛΊΤΣΑ	

32 - Paisagens

```
Χ  Ε  Ρ  Σ  Ό  Ν  Η  Σ  Ο  Τ  Έ  Ι  Β  Ρ
Μ  Η  Ε  Κ  Π  Α  Γ  Έ  Ξ  Ο  Κ  Ί  Ο  Λ
Κ  Ό  Λ  Π  Ο  Σ  Ε  Ί  Έ  Ύ  Α  Π  Υ  Β
Σ  Π  Ή  Λ  Α  Ι  Ο  Ί  Έ  Ν  Τ  Α  Ν  Ά
Έ  Π  Σ  Ι  Ο  Ρ  Λ  Ω  Δ  Δ  Α  Γ  Ό  Λ
Θ  Ά  Λ  Α  Σ  Σ  Α  Ά  Ξ  Ρ  Ρ  Ε  Π  Τ
Τ  Χ  Ί  Ό  Α  Σ  Η  Λ  Δ  Α  Ρ  Τ  Α  Ο
Α  Τ  Δ  Τ  Π  Λ  Ω  Ό  Ί  Α  Ά  Ώ  Γ  Σ
Ε  Ρ  Ή  Μ  Ο  Υ  Κ  Φ  Χ  Α  Κ  Ν  Ό  Ξ
Ξ  Β  Ε  Ξ  Τ  Τ  Ε  Ο  Λ  Σ  Τ  Α  Β  Β
Ω  Ο  Ξ  Ι  Α  Ν  Α  Έ  Ί  Σ  Η  Σ  Ο  Π
Π  Υ  Δ  Η  Μ  Η  Ν  Ο  Μ  Β  Ί  Α  Υ  Μ
Ι  Ι  Ψ  Ν  Ό  Σ  Ό  Π  Ν  Χ  Ξ  Ε  Ν  Δ
Έ  Υ  Ξ  Α  Σ  Ί  Σ  Ι  Η  Ξ  Τ  Ω  Ο  Ψ
```

ΚΑΤΑΡΡΆΚΤΗ	ΒΟΥΝΌ
ΣΠΉΛΑΙΟ	ΌΑΣΗ
ΛΌΦΟ	ΩΚΕΑΝΌΣ
ΕΡΉΜΟΥ	ΒΆΛΤΟΣ
ΠΑΓΕΤΏΝΑΣ	ΧΕΡΣΌΝΗΣΟ
ΚΌΛΠΟΣ	ΠΑΡΑΛΊΑ
ΠΑΓΟΒΟΥΝΟ	ΠΟΤΑΜΌΣ
ΝΗΣΊ	ΤΟΎΝΔΡΑ
ΛΊΜΝΗ	ΚΟΙΛΆΔΑ
ΘΆΛΑΣΣΑ	

33 - Dança

```
Π  Σ  Τ  Ξ  Α  Έ  Ε  Δ  Ο  Κ  Α  Χ  Σ  Π
Ο  Ξ  Α  Π  Τ  Χ  Κ  Τ  Π  Λ  Κ  Α  Υ  Ο
Λ  Σ  Ώ  Μ  Α  Ω  Φ  Ί  Τ  Α  Α  Ρ  Γ  Λ
Ι  Έ  Ι  Ε  Ρ  Ρ  Σ  Ι  Σ  Δ  Ο  Κ  Ι  Τ
Τ  Έ  Χ  Ν  Η  Υ  Α  Λ  Κ  Ι  Η  Ύ  Ί  Τ
Ι  Σ  Α  Λ  Χ  Θ  Σ  Δ  Ή  Κ  Μ  Μ  Ν  Ι
Σ  Σ  Γ  Β  Ά  Μ  Τ  Μ  Ο  Ή  Ί  Ε  Η  Σ
Τ  Π  Τ  Ο  Ρ  Ο  Ι  Μ  Ο  Σ  Α  Ν  Σ  Μ
Ι  Ρ  Κ  Ά  Η  Ύ  Κ  Ι  Δ  Υ  Ι  Ο  Η  Ό
Κ  Ό  Ί  Σ  Σ  Χ  Ή  Χ  Λ  Υ  Σ  Α  Τ  Σ
Ή  Β  Ν  Δ  Γ  Η  Ο  Ί  Λ  Λ  Έ  Ι  Κ  Ί
Ρ  Α  Η  Ο  Δ  Ι  Ε  Τ  Ξ  Ρ  Π  Έ  Κ  Ή
Δ  Ο  Σ  Λ  Ι  Π  Α  Ρ  Τ  Ε  Ν  Έ  Ρ  Ή
Ί  Μ  Η  Χ  Ο  Ρ  Ο  Γ  Ρ  Α  Φ  Ί  Α  Γ
```

ΑΚΑΔΗΜΊΑ
ΧΑΡΟΎΜΕΝΟ
ΤΈΧΝΗ
ΚΛΑΣΙΚΉ
ΧΟΡΟΓΡΑΦΊΑ
ΣΏΜΑ
ΠΟΛΙΤΙΣΜΌΣ
ΠΟΛΙΤΙΣΤΙΚΉ
ΣΥΓΚΊΝΗΣΗ
ΠΡΌΒΑ

ΕΚΦΡΑΣΤΙΚΉ
ΧΆΡΗ
ΚΊΝΗΣΗ
ΜΟΥΣΙΚΉ
ΠΑΡΤΕΝΈΡ
ΣΤΆΣΗ
ΡΥΘΜΟΎ
ΠΑΡΑΔΟΣΙΑΚΉ
ΟΠΤΙΚΉ

34 - Nutrição

```
Ο  Ρ  Μ  Ζ  Σ  Ο  Υ  Μ  Ε  Ε  Υ  Π  Τ  Θ
Ε  Π  Δ  Ύ  Σ  Ε  Σ  Γ  Ω  Μ  Γ  Ο  Ό  Ε
Γ  Υ  Α  Μ  Η  Ν  Υ  Ε  Ε  Τ  Ι  Ι  Ρ  Ρ
Έ  Υ  Β  Ω  Ί  Σ  Σ  Ύ  Υ  Ί  Ή  Ό  Ε  Μ
Ζ  Γ  Π  Σ  Ρ  Ψ  Τ  Σ  Ν  Ί  Α  Τ  Ξ  Ι
Υ  Η  Ι  Η  Α  Ο  Α  Η  Σ  Χ  Β  Η  Η  Δ
Γ  Γ  Κ  Υ  Σ  Δ  Τ  Δ  Ί  Ά  Υ  Τ  Π  Ε
Ί  Θ  Ρ  Ε  Π  Τ  Ι  Κ  Ή  Ξ  Λ  Α  Υ  Σ
Ζ  Δ  Ή  Ά  Έ  Ο  Κ  Α  Δ  Β  Χ  Τ  Υ  Ψ
Ω  Ω  Π  Τ  Ψ  Ξ  Ά  Ε  Β  Λ  Σ  Ψ  Σ  Δ
Σ  Υ  Ω  Μ  Η  Ί  Ξ  Π  Π  Χ  Ξ  Ω  Ξ  Α
Τ  Π  Ε  Ρ  Ν  Ν  Β  Ρ  Ώ  Σ  Ι  Μ  Α  Ο
Ξ  Α  Χ  Γ  Γ  Η  Δ  Ι  Α  Τ  Ρ  Ο  Φ  Ή
Π  Ρ  Ω  Τ  Ε  Ϊ  Ν  Ε  Σ  Α  Χ  Ξ  Ι  Ί
```

ΠΙΚΡΉ   ΣΆΛΤΣΑ
ΌΡΕΞΗ   ΘΡΕΠΤΙΚΉ
ΘΕΡΜΙΔΕΣ   ΖΥΓΊΖΩ
ΒΡΏΣΙΜΑ   ΠΡΩΤΕΪΝΕΣ
ΔΙΑΤΡΟΦΉ   ΠΟΙΌΤΗΤΑ
ΠΈΨΗ   ΓΕΎΣΗ
ΖΎΜΩΣΗ   ΥΓΙΉ
ΣΥΣΤΑΤΙΚΆ   ΥΓΕΊΑ
ΥΓΡΆ   ΤΟΞΊΝΗ

35 - Disciplinas Científicas

```
Κ Θ Κ Ι Ν Η Σ Ι Ο Λ Ο Γ Ί Α
Ο Α Ε Χ Η Η Ο Ξ Έ Β Ι Ε Ν Ν
Ι Ν Ζ Ρ Η Σ Β Ρ Ω Ι Κ Ω Ε Ο
Ν Α Ω Ί Μ Μ Υ Ρ Π Ο Ο Λ Υ Σ
Ω Τ Ο Χ Β Ο Ε Τ Λ Λ Ο Ρ Ο
Ν Ο Λ Ι Υ Ο Δ Ί Χ Ο Ο Γ Ο Λ
Ι Μ Ο Ί Σ Ε Τ Υ Α Γ Γ Ί Λ Ο
Ο Ί Γ Β Έ Ί Ε Α Ν Ί Ί Α Ο Γ
Λ Α Ί Ί Ψ Η Χ Π Ν Α Α Ε Γ Ί
Ο Θ Α Έ Β Π Β Ω Π Ι Μ Δ Ί Α
Γ Β Ι Ο Χ Η Μ Ε Ί Α Κ Ι Α Τ
Ί Α Σ Τ Ρ Ο Ν Ο Μ Ί Α Ή Κ Τ
Α Ψ Υ Χ Ο Λ Ο Γ Ί Α Μ Ι Χ Ή
Α Ρ Χ Α Ι Ο Λ Ο Γ Ί Α Ε Τ Ω
```

ΑΝΑΤΟΜΊΑ
ΑΡΧΑΙΟΛΟΓΊΑ
ΑΣΤΡΟΝΟΜΊΑ
ΒΙΟΛΟΓΊΑ
ΒΙΟΧΗΜΕΊΑ
ΒΟΤΑΝΙΚΉ
ΚΙΝΗΣΙΟΛΟΓΊΑ
ΟΙΚΟΛΟΓΊΑ

ΓΕΩΛΟΓΊΑ
ΑΝΟΣΟΛΟΓΊΑ
ΝΕΥΡΟΛΟΓΊΑ
ΨΥΧΟΛΟΓΊΑ
ΧΗΜΕΊΑ
ΚΟΙΝΩΝΙΟΛΟΓΊΑ
ΘΕΡΜΟΔΥΝΑΜΙΚΉ
ΖΩΟΛΟΓΊΑ

36 - Meditação

Σ	Χ	Η	Π	Ν	Δ	Ω	Ε	Χ	Έ	Σ	Ν	Σ	Π
Υ	Δ	Ω	Λ	Ί	Έ	Ο	Ο	Ι	Μ	Α	Δ	Τ	Σ
Μ	Κ	Α	Λ	Ο	Σ	Ύ	Ν	Η	Ρ	Φ	Έ	Ά	Ι
Π	Α	Ρ	Α	Τ	Ή	Ρ	Η	Σ	Η	Ή	Χ	Σ	Ω
Ό	Ξ	Λ	Ξ	Ρ	Ί	Ν	Ε	Μ	Γ	Ν	Ν	Η	Π
Ν	Ύ	Γ	Λ	Ο	Γ	Χ	Ι	Ο	Σ	Ε	Τ	Η	Ή
Ι	Π	Ε	Χ	Η	Π	Γ	Ψ	Υ	Χ	Ι	Κ	Ή	Μ
Α	Ν	Η	Ρ	Ε	Μ	Ί	Α	Σ	Σ	Α	Ί	Π	Υ
Λ	Η	Ψ	Ψ	Φ	Ν	Β	Ψ	Ι	Χ	Έ	Ν	Ρ	Α
Ω	Σ	Ε	Η	Χ	Ύ	Ε	Σ	Κ	Έ	Ψ	Η	Ο	Λ
Υ	Ε	Ι	Μ	Ί	Β	Σ	Ν	Ή	Τ	Π	Σ	Σ	Ό
Α	Π	Ο	Δ	Ο	Χ	Ή	Η	Β	Ψ	Ε	Η	Ο	Μ
Ο	Ε	Π	Ρ	Ο	Ο	Π	Τ	Ι	Κ	Ή	Χ	Χ	Α
Σ	Υ	Ν	Α	Ι	Σ	Θ	Ή	Μ	Α	Τ	Α	Ή	Ξ

ΑΠΟΔΟΧΉ	ΚΊΝΗΣΗ
ΞΎΠΝΗΣΕ	ΜΟΥΣΙΚΉ
ΠΡΟΣΟΧΉ	ΦΎΣΗ
ΚΑΛΟΣΎΝΗ	ΠΑΡΑΤΉΡΗΣΗ
ΗΡΕΜΊΑ	ΕΙΡΉΝΗ
ΣΑΦΉΝΕΙΑ	ΣΚΈΨΗ
ΣΥΜΠΌΝΙΑ	ΠΡΟΟΠΤΙΚΉ
ΣΥΝΑΙΣΘΉΜΑΤΑ	ΣΤΆΣΗ
ΨΥΧΙΚΉ	ΣΙΩΠΉ
ΜΥΑΛΌ	

37 - Gatos

```
Π  Π  Ο  Ε  Μ  Λ  Ξ  Μ  Υ  Η  Ά  Ρ  Α  Ν
Ε  Ό  Ρ  Τ  Ο  Ω  Κ  Υ  Ν  Η  Γ  Ό  Σ  Τ
Ρ  Δ  Γ  Ο  Ύ  Ν  Α  Τ  Ύ  Μ  Ρ  Ι  Τ  Ρ
Ί  Ι  Ε  Π  Σ  Ω  Α  Δ  Χ  Ξ  Ι  Ί  Ε  Ο
Ε  Α  Γ  Τ  Ο  Ω  Ν  Ι  Ι  Σ  Ο  Χ  Ί  Π
Ρ  Π  Ε  Α  Γ  Ν  Π  Ί  Ί  Μ  Η  Ξ  Ο  Α
Γ  Ι  Γ  Ξ  Ο  Χ  Τ  Ι  Έ  Χ  Γ  Λ  Π  Λ
Ο  Λ  Ν  Υ  Μ  Α  Ψ  Ί  Κ  Τ  Ρ  Ε  Λ  Ό
Σ  Δ  Γ  Ε  Δ  Σ  Γ  Χ  Κ  Ό  Τ  Σ  Λ  Σ
Β  Κ  Ο  Ι  Μ  Ά  Μ  Α  Ι  Ι  Τ  Ρ  Σ  Ι
Α  Ν  Ε  Ξ  Ά  Ρ  Τ  Η  Τ  Η  Ν  Η  Γ  Ω
Δ  Ο  Ί  Χ  Α  Ι  Δ  Η  Υ  Ψ  Β  Ή  Τ  Λ
Ο  Υ  Ρ  Ά  Ι  Τ  Ο  Σ  Δ  Ί  Ί  Η  Μ  Α
Π  Α  Ι  Χ  Ν  Ι  Δ  Ι  Ά  Ρ  Ι  Κ  Ο  Α
```

ΠΑΙΧΝΙΔΙΆΡΙΚΟ
ΚΥΝΗΓΌΣ
ΟΥΡΆ
ΠΕΡΊΕΡΓΟΣ
ΚΟΙΜΆΜΑΙ
ΑΣΤΕΊΟ
ΝΉΜΑ
ΝΎΧΙ

ΑΝΕΞΆΡΤΗΤΗ
ΤΡΕΛΌ,
ΠΟΝΤΊΚΙ
ΠΌΔΙ
ΓΟΎΝΑ
ΠΡΟΣΩΠΙΚΌΤΗΤΑ
ΆΓΡΙΟ
ΝΤΡΟΠΑΛΌΣ

38 - Artes Visuais

```
Φ  Ω  Τ  Ο  Γ  Ρ  Α  Φ  Ί  Α  Σ  Α  Τ  Κ
Ζ  Ω  Γ  Ρ  Α  Φ  Ι  Κ  Ή  Κ  Ε  Ρ  Ί  Α
Κ  Ά  Ρ  Β  Ο  Υ  Ν  Ο  Κ  Ω  Β  Χ  Σ  Β
Σ  Τ  Υ  Λ  Ό  Έ  Γ  Δ  Α  Λ  Γ  Ι  Ύ  Α
Μ  Ι  Χ  Σ  Δ  Δ  Σ  Λ  Λ  Υ  Ί  Τ  Ν  Λ
Π  Ο  Ρ  Τ  Ρ  Έ  Τ  Ο  Λ  Γ  Έ  Ε  Θ  Έ
Γ  Ρ  Λ  Κ  Ε  Ρ  Α  Μ  Ι  Κ  Ή  Κ  Ε  Τ
Δ  Λ  Ο  Ύ  Σ  Η  Ψ  Ν  Τ  Ι  Ν  Τ  Σ  Ο
Ξ  Ω  Υ  Ο  Β  Λ  Π  Δ  Έ  Μ  Ξ  Ο  Η  Ρ
Β  Ο  Έ  Π  Π  Ι  Ι  Τ  Χ  Ω  Υ  Ν  Β  Σ
Ί  Μ  Ν  Ι  Τ  Τ  Β  Λ  Ν  Λ  Π  Ι  Ε  Π
Ξ  Τ  Δ  Ο  Σ  Ι  Ι  Ω  Η  Ί  Ξ  Κ  Τ  Α
Τ  Α  Ι  Ν  Ί  Α  Κ  Κ  Σ  Α  Ν  Ή  Ε  Δ
Β  Ε  Ρ  Ν  Ί  Κ  Ι  Ή  Ή  Ω  Α  Ι  Ψ  Ρ
```

ΑΡΧΙΤΕΚΤΟΝΙΚΉ	ΤΑΙΝΊΑ
ΚΑΛΛΙΤΈΧΝΗΣ	ΦΩΤΟΓΡΑΦΊΑ
ΣΤΥΛΌ	ΚΙΜΩΛΊΑ
ΚΆΡΒΟΥΝΟ	ΜΟΛΎΒΙ
ΚΑΒΑΛΈΤΟ	ΠΡΟΟΠΤΙΚΉ
ΚΕΡΊ	ΖΩΓΡΑΦΙΚΉ
ΚΕΡΑΜΙΚΉ	ΠΟΡΤΡΈΤΟ
ΣΎΝΘΕΣΗ	ΒΕΡΝΊΚΙ
ΓΛΥΠΤΙΚΉ	

39 - Instrumentos Musicais

```
Κ Ι Θ Ά Ρ Α Χ Ν Σ Χ Λ Α Δ Φ
Μ Ψ Μ Α Ρ Ί Μ Π Α Δ Ν Κ Τ Υ
Ξ Η Ξ Π Ψ Ι Ι Α Ξ Χ Ω Ρ Χ Σ
Δ Δ Υ Ί Ι Τ Ι Λ Ό Μ Π Ο Ε Α
Ν Τ Έ Φ Ι Ά Η Γ Φ Π Ρ Ύ Μ Ρ
Υ Ρ Ρ Ν Έ Ρ Ν Κ Ω Ά Ί Σ Α Μ
Ω Ο Φ Ο Ψ Π Ρ Ο Ν Ν Μ Η Ν Ό
Ω Μ Α Λ Μ Α Β Ν Ο Τ Β Ι Τ Ν
Ψ Π Β Ι Ά Π Α Γ Χ Ζ Ι Σ Ο Ι
Μ Ό Η Α Ί Ο Έ Κ Ξ Ο Ο Β Λ Κ
Ρ Ν Χ Π Έ Τ Υ Τ Ξ Ψ Λ Ν Ί Α
Γ Ι Ω Ο Ψ Ρ Β Τ Α Ξ Ί Δ Ν Η
Κ Λ Α Ρ Ι Ν Έ Τ Ο Ω Σ Β Ο Ν
Τ Ύ Μ Π Α Ν Ο Φ Α Γ Κ Ό Τ Ο
```

ΜΑΝΤΟΛΊΝΟ	ΝΤΈΦΙ
ΜΠΆΝΤΖΟ	ΚΡΟΎΣΗ
ΚΛΑΡΙΝΈΤΟ	ΠΙΆΝΟ
ΦΑΓΚΌΤΟ	ΣΑΞΌΦΩΝΟ
ΦΛΆΟΥΤΟ	ΤΎΜΠΑΝΟ
ΦΥΣΑΡΜΌΝΙΚΑ	ΤΡΟΜΠΌΝΙ
ΓΚΟΝΓΚ	ΤΡΟΜΠΈΤΑ
ΆΡΠΑ	ΚΙΘΆΡΑ
ΜΑΡΊΜΠΑ	ΒΙΟΛΊ
ΌΜΠΟΕ	

40 - Escola #1

```
N  Γ  Ψ  O  Y  Φ  P  B  N  H  K  P  A  Ω
O  P  X  A  P  T  Ί  Σ  M  H  O  Γ  Π  A
Φ  A  K  E  Λ  O  I  Λ  M  I  Y  Σ  Ά  Έ
Y  Φ  E  Ά  Ψ  H  T  P  O  B  Ί  B  N  X
Ω  E  Έ  Ξ  Π  I  Γ  B  Λ  I  Z  I  T  Y
A  Ί  N  B  E  O  Δ  O  Ύ  B  P  B  H  A
M  O  Έ  Ί  Γ  T  Σ  Δ  B  Λ  I  Λ  Σ  P
K  Γ  E  Ύ  M  A  Ά  O  I  I  O  I  H  I
Π  A  M  A  E  Δ  Ά  Σ  K  A  Λ  O  Σ  Θ
Y  X  P  Ί  Γ  Π  Ψ  N  E  O  O  Θ  Λ  M
Ψ  Γ  Δ  Έ  Π  T  Y  Ξ  E  I  I  Ή  E  O
Ψ  N  I  Δ  K  Y  P  Δ  Π  M  Σ  K  T  Ί
Δ  Ξ  Π  P  Ω  Λ  A  Λ  Φ  Ά  B  H  T  O
Γ  Ψ  P  T  H  T  A  Σ  T  Y  Λ  Ό  Γ  Ψ
```

ΑΛΦΆΒΗΤΟ   ΒΙΒΛΙΑ
ΓΕΎΜΑ   ΓΡΑΦΕΊΟ
ΦΊΛΟΙ   ΑΡΙΘΜΟΊ
ΒΙΒΛΙΟΘΉΚΗ   ΧΑΡΤΊ
ΚΑΡΈΚΛΑ   ΦΑΚΕΛΟΙ
ΣΤΥΛΌ   ΔΆΣΚΑΛΟΣ
ΕΞΕΤΆΣΕΙΣ   ΚΟΥΊΖ
ΜΟΛΎΒΙ   ΑΠΆΝΤΗΣΗ

41 - Adjetivos #2

```
Α  Χ  Δ  Ι  Ά  Σ  Η  Μ  Η  Π  Μ  Π  Α  Ε
Ε  Λ  Β  Σ  Ο  Ω  Η  Β  Ν  Έ  Α  Α  Γ  Ν
Β  Ο  Μ  Χ  Λ  Λ  Έ  Υ  Ά  Σ  Υ  Ρ  Ν  Δ
Υ  Μ  Φ  Υ  Σ  Ι  Κ  Ή  Γ  Π  Θ  Α  Ό  Ι
Γ  Π  Π  Ρ  Ρ  Π  Ρ  Ω  Ρ  Ε  Ε  Γ  Γ  Α
Η  Ω  Ε  Ή  Ο  Ή  Κ  Ί  Ι  Ρ  Ν  Ω  Σ  Φ
Μ  Λ  Χ  Ύ  Ϊ  Τ  Α  Ι  Ο  Ι  Τ  Γ  Ν  Έ
Υ  Γ  Α  Ε  Θ  Ν  Ν  Έ  Ι  Γ  Ι  Ι  Ο  Ρ
Β  Π  Υ  Λ  Ψ  Υ  Ο  Σ  Ω  Ρ  Κ  Κ  Σ  Ο
Σ  Ξ  Ε  Ι  Ϊ  Λ  Ν  Τ  Χ  Α  Ό  Ή  Λ  Ν
Ρ  Β  Ω  Ρ  Λ  Έ  Ι  Ο  Λ  Φ  Υ  Γ  Ι  Ή
Ί  Ξ  Ξ  Χ  Ο  Ο  Κ  Π  Σ  Ι  Μ  Δ  Υ  Δ
Κ  Ο  Μ  Ψ  Ό  Χ  Ή  Β  Α  Κ  Ν  Ν  Ί  Μ
Ζ  Ε  Σ  Τ  Ό  Ξ  Η  Ρ  Ό  Ό  Η  Γ  Ψ  Ω
```

ΑΥΘΕΝΤΙΚΌ	ΥΠΕΡΟΧΗ
ΠΕΡΙΓΡΑΦΙΚΌ	ΠΑΡΑΓΩΓΙΚΉ
ΚΟΜΨΌ	ΑΓΝΌ
ΔΙΆΣΗΜΗ	ΖΕΣΤΌ
ΙΣΧΥΡΉ	ΥΠΕΎΘΥΝΟΣ
ΕΝΔΙΑΦΈΡΟΝ	ΑΛΜΥΡΉ
ΦΥΣΙΚΉ	ΥΓΙΉ
ΚΑΝΟΝΙΚΉ	ΞΗΡΌ
ΝΈΑ	ΆΓΡΙΟ

42 - Roupas

```
Τ  Ω  Κ  Ο  Λ  Ι  Έ  Ί  Τ  Γ  Έ  Η  Μ  Ξ
Λ  Ε  Χ  Ά  Ν  Γ  Έ  Ψ  Ι  Ν  Γ  Ψ  Ό  Ψ
Π  Ί  Τ  Ψ  Λ  Δ  Τ  Ν  Ξ  Δ  Ι  Α  Δ  Ί
Α  Ο  Σ  Δ  Α  Τ  Κ  Α  Π  Έ  Λ  Ο  Α  Π
Π  Π  Υ  Ξ  Α  Ζ  Σ  Π  Ι  Τ  Ζ  Ά  Μ  Α
Ο  Α  Μ  Κ  Ί  Ι  Ο  Α  Ι  Φ  Ώ  Υ  Β  Σ
Ύ  Ν  Ρ  Π  Ά  Ν  Σ  Λ  Γ  Ο  Ν  Π  Ρ  Α
Τ  Τ  Ί  Ο  Λ  Μ  Η  Τ  Τ  Ύ  Η  Ο  Α  Ν
Σ  Ε  Υ  Δ  Α  Ο  Ι  Ό  Β  Σ  Σ  Υ  Χ  Δ
Ι  Λ  Έ  Ι  Ψ  Χ  Ύ  Σ  Έ  Τ  Α  Λ  Ι  Ά
Λ  Ό  Ω  Ά  Η  Ί  Ω  Ζ  Ο  Α  Κ  Ό  Ό  Λ
Ρ  Ν  Γ  Ά  Ν  Τ  Ι  Α  Α  Ξ  Ά  Β  Λ  Ι
Τ  Ι  Φ  Ό  Ρ  Ε  Μ  Α  Ο  Υ  Κ  Ε  Ι  Α
Υ  Ε  Π  Μ  Γ  Έ  Τ  Ψ  Λ  Γ  Ι  Ρ  Ξ  Ο
```

ΠΟΔΙΆ	ΓΆΝΤΙΑ
ΜΠΛΟΎΖΑ	ΚΆΛΤΣΑ
ΠΑΝΤΕΛΌΝΙ	ΜΌΔΑ
ΠΟΥΚΆΜΙΣΟ	ΠΙΤΖΆΜΑ
ΠΑΛΤΌ	ΒΡΑΧΙΌΛΙ
ΚΑΠΈΛΟ	ΦΟΎΣΤΑ
ΖΏΝΗ	ΣΑΝΔΆΛΙΑ
ΚΟΛΙΈ	ΠΑΠΟΎΤΣΙ
ΣΑΚΆΚΙ	ΠΟΥΛΌΒΕΡ
ΤΖΙΝ	ΦΌΡΕΜΑ

43 - Herbalismo

```
Θ  Α  Τ  Σ  Ο  Χ  Π  Μ  Ά  Ρ  Α  Θ  Ο  Υ
Υ  Σ  Γ  Α  Ρ  Ν  Ι  Α  Β  Η  Ω  Έ  Α  Χ
Μ  Β  Ξ  Δ  Έ  Α  Λ  Ϊ  Α  Γ  Η  Μ  Ψ  Μ
Ά  Σ  Ξ  Λ  Έ  Ω  Ί  Ν  Σ  Κ  Ή  Π  Ο  Σ
Ρ  Ε  Υ  Ε  Ρ  Γ  Ε  Τ  Ι  Κ  Ή  Σ  Ε  Υ
Ι  Ο  Η  Ξ  Ί  Λ  Η  Α  Λ  Ρ  Α  Κ  Β  Σ
Φ  Ψ  Β  Χ  Ρ  Έ  Ρ  Ν  Ι  Ο  Γ  Ό  Ί  Τ
Υ  Ι  Ε  Ε  Ι  Ρ  Ι  Ό  Κ  Κ  Σ  Ρ  Ν  Α
Τ  Δ  Ρ  Έ  Ι  Σ  Σ  Σ  Ο  Ο  Ο  Δ  Γ  Τ
Ό  Λ  Ε  Β  Ά  Ν  Τ  Α  Ύ  Σ  Μ  Ο  Ε  Ι
Δ  Ε  Ν  Δ  Ρ  Ο  Λ  Ί  Β  Α  Ν  Ο  Ύ  Κ
Μ  Α  Ν  Τ  Ζ  Ο  Υ  Ρ  Ά  Ν  Α  Β  Σ  Ό
Π  Ο  Ι  Ό  Τ  Η  Τ  Α  Ν  Η  Έ  Ί  Η  Έ
Ρ  Ί  Γ  Α  Ν  Η  Λ  Ο  Υ  Λ  Ο  Ύ  Δ  Ι
```

ΚΡΟΚΟΣ	ΒΑΣΙΛΙΚΟΎ
ΔΕΝΔΡΟΛΊΒΑΝΟ	ΜΑΝΤΖΟΥΡΆΝΑ
ΣΚΌΡΔΟ	ΡΊΓΑΝΗ
ΕΥΕΡΓΕΤΙΚΉ	ΦΥΤΌ
ΛΟΥΛΟΎΔΙ	ΠΟΙΌΤΗΤΑ
ΜΆΡΑΘΟ	ΓΕΎΣΗ
ΣΥΣΤΑΤΙΚΌ	ΜΑΪΝΤΑΝΌΣ
ΚΉΠΟΣ	ΘΥΜΆΡΙ
ΛΕΒΆΝΤΑ	

44 - Férias #1

```
Ο  Μ  Π  Ρ  Έ  Λ  Α  Ο  Έ  Σ  Α  Α  Ρ  Β
Β  Α  Λ  Ί  Τ  Σ  Α  Ν  Υ  Α  Χ  Υ  Ι  Χ
Τ  Ο  Υ  Ρ  Ι  Σ  Τ  Α  Σ  Κ  Α  Τ  Τ  Ο
Έ  Μ  Ρ  Π  Ο  Ψ  Χ  Β  Έ  Ί  Λ  Ο  Ε  Μ
Δ  Α  Έ  Ρ  Ψ  Χ  Λ  Ρ  Π  Δ  Ά  Κ  Λ  Ο
Α  Ψ  Υ  Η  Π  Ρ  Υ  Ί  Υ  Ι  Ρ  Ί  Ω  Υ
Ν  Ν  Υ  Έ  Ψ  Τ  Χ  Ψ  Μ  Ο  Ω  Ν  Ν  Σ
Α  Ε  Ρ  Ο  Π  Λ  Ά  Ν  Ο  Ν  Σ  Η  Ε  Ε
Χ  Κ  Ν  Ό  Μ  Ι  Σ  Μ  Α  Ε  Η  Τ  Ί  Ί
Ώ  Δ  Ε  Ι  Έ  Ι  Τ  Ή  Ρ  Ι  Ο  Ο  Ο  Ο
Ρ  Ρ  Δ  Π  Λ  Γ  Γ  Ι  Τ  Ρ  Α  Μ  Ν  Χ
Η  Ο  Ρ  Χ  Ι  Δ  Μ  Υ  Ψ  Μ  Π  Γ  Ρ  Δ
Σ  Μ  Ε  Π  Η  Ψ  Β  Ι  Ω  Υ  Λ  Λ  Μ  Σ
Η  Ή  Δ  Ρ  Ο  Μ  Ο  Λ  Ό  Γ  Ι  Ο  Η  Ο
```

ΤΕΛΩΝΕΊΟ	ΛΊΜΝΗ
ΑΕΡΟΠΛΆΝΟ	ΒΑΛΊΤΣΑ
ΕΙΣΙΤΉΡΙΟ	ΣΑΚΊΔΙΟ
ΤΡΑΜ	ΝΌΜΙΣΜΑ
ΑΥΤΟΚΊΝΗΤΟ	ΜΟΥΣΕΊΟ
ΕΚΔΡΟΜΉ	ΑΝΑΧΏΡΗΣΗ
ΟΜΠΡΈΛΑ	ΧΑΛΆΡΩΣΗ
ΔΡΟΜΟΛΌΓΙΟ	ΤΟΥΡΊΣΤΑΣ

45 - Frutas

```
Β  Ε  Ρ  Ί  Κ  Ο  Κ  Ο  Ε  Ι  Σ  Ε  Β  Ξ
Μ  Π  Α  Ν  Ά  Ν  Α  Π  Α  Τ  Ε  Μ  Α  Υ
Α  Ν  Α  Ν  Ά  Γ  Β  Μ  Π  Ι  Χ  Ά  Τ  Δ
Ν  Χ  Α  Γ  Έ  Ω  Ο  Ή  Ο  Σ  Ξ  Ν  Ό  Α
Λ  Ε  Μ  Ό  Ν  Ι  Κ  Λ  Ρ  Ύ  Η  Γ  Μ  Κ
Δ  Δ  Κ  Ί  Α  Δ  Ά  Ο  Τ  Κ  Ρ  Κ  Ο  Τ
Κ  Τ  Ν  Τ  Ψ  Ο  Ν  Τ  Ο  Ο  Ο  Ο  Υ  Ι
Η  Α  Ο  Δ  Α  Ο  Τ  Π  Κ  Μ  Δ  Ι  Ρ  Ν
Α  Ν  Ρ  Χ  Ν  Ρ  Ο  Α  Ά  Γ  Ά  Ρ  Ο  Ί
Ξ  Ν  Π  Ύ  Α  Ω  Ί  Τ  Λ  Α  Κ  Ω  Δ  Δ
Α  Χ  Λ  Ά  Δ  Ι  Ω  Ν  Ι  Ε  Ι  Η  Γ  Ι
Ν  Λ  Σ  Ί  Ν  Α  Λ  Β  Ι  Τ  Ν  Ί  Χ  Ο
Π  Α  Π  Ά  Γ  Ι  Α  Π  Ι  Υ  Ο  Τ  Ί  Β
Η  Υ  Λ  Β  Χ  Σ  Κ  Ε  Ρ  Ά  Σ  Ι  Β  Έ
```

ΑΒΟΚΆΝΤΟ	ΑΚΤΙΝΊΔΙΟ
ΑΝΑΝΆ	ΠΟΡΤΟΚΆΛΙ
ΜΟΎΡΟ	ΛΕΜΌΝΙ
ΜΠΑΝΆΝΑ	ΜΉΛΟ
ΚΕΡΆΣΙ	ΠΑΠΆΓΙΑ
ΚΑΡΎΔΑ	ΜΆΝΓΚΟ
ΒΕΡΊΚΟΚΟ	ΝΕΚΤΑΡΊΝΙ
ΣΎΚΟ	ΑΧΛΆΔΙ
ΒΑΤΌΜΟΥΡΟ	ΡΟΔΆΚΙΝΟ

46 - Corpo Humano

```
Κ  Α  Ρ  Δ  Ι  Ά  Σ  Λ  Μ  Δ  Ω  Δ  Σ  Π
Ε  Α  Γ  Κ  Ώ  Ν  Α  Σ  Υ  Ά  Σ  Ε  Έ  Δ
Φ  Η  Β  Η  Ν  Π  Γ  Δ  Α  Υ  Τ  Ί  Μ  Π
Ά  Λ  Ε  Α  Ι  Ε  Ό  Ί  Λ  Η  Ν  Ι  Υ  Η
Λ  Α  Ι  Μ  Ό  Σ  Ν  Γ  Ό  Ν  Α  Τ  Ο  Γ
Ι  Σ  Μ  Π  Ν  Ψ  Ι  Δ  Ά  Χ  Τ  Υ  Λ  Ο
Ω  Τ  Τ  Έ  Σ  Μ  Γ  Τ  Έ  Έ  Ξ  Ο  Δ  Ύ
Α  Ό  Τ  Ε  Τ  Έ  Σ  Ρ  Σ  Ρ  Ο  Έ  Τ  Ν
Λ  Μ  Ψ  Ψ  Ν  Ω  Α  Έ  Β  Ι  Μ  Γ  Η  Ι
Υ  Α  Ώ  Μ  Ο  Σ  Π  Ό  Δ  Ι  Ί  Α  Ο  Υ
Ί  Υ  Έ  Υ  Ρ  Η  Ψ  Ο  Η  Ν  Α  Π  Ι  Υ
Μ  Β  Γ  Μ  Ο  Ρ  Μ  Ύ  Τ  Η  Ί  Έ  Ξ  Τ
Ε  Ω  Τ  Ψ  Δ  Γ  Λ  Ί  Ί  Έ  Μ  Ι  Ε  Ν
Έ  Ρ  Μ  Η  Α  Σ  Τ  Ρ  Ά  Γ  Α  Λ  Ο  Σ
```

ΣΤΌΜΑ	ΜΆΤΙ
ΚΕΦΆΛΙ	ΏΜΟΣ
ΜΥΑΛΌ	ΑΥΤΊ
ΚΑΡΔΙΆ	ΔΈΡΜΑ
ΑΓΚΏΝΑ	ΠΌΔΙ
ΔΆΧΤΥΛΟ	ΛΑΙΜΌΣ
ΓΌΝΑΤΟ	ΠΗΓΟΎΝΙ
ΣΑΓΌΝΙ	ΑΊΜΑ
ΧΈΡΙ	ΜΈΤΩΠΟ
ΜΎΤΗ	ΑΣΤΡΆΓΑΛΟΣ

47 - Restaurante #1

```
Σ  Χ  Α  Ρ  Τ  Ο  Π  Ε  Τ  Σ  Έ  Τ  Α  Ε
Π  Υ  Ξ  Ω  Τ  Κ  Ο  Τ  Ό  Π  Ο  Υ  Λ  Ο
Μ  Λ  Σ  Ω  Ί  Χ  Ο  Ι  Ί  Β  Χ  Ί  Λ  Π
Α  Ψ  Ά  Τ  Ξ  Β  Ί  Ω  Ω  Ο  Β  Ι  Ε  Ι
Χ  Ε  Ω  Κ  Α  Φ  Έ  Ο  Σ  Ι  Κ  Ρ  Ρ  Κ
Α  Π  Μ  Μ  Α  Τ  Ψ  Μ  Ε  Ν  Ο  Ύ  Γ  Ά
Ί  Ι  Π  Ι  Ί  Ω  Ι  Ξ  Ν  Ξ  Υ  Λ  Ί  Ν
Ρ  Δ  Ο  Η  Λ  Ψ  Τ  Κ  Δ  Ο  Ζ  Έ  Α  Τ
Ι  Ό  Λ  Ε  Ί  Ο  Ε  Β  Ά  Έ  Ί  Ν  Π  Ι
Κ  Ρ  Ά  Τ  Η  Σ  Η  Ψ  Ν  Ω  Ν  Κ  Σ  Κ
Ν  Π  Σ  Ε  Ρ  Β  Ι  Τ  Ό  Ρ  Α  Ρ  Π  Ο
Έ  Ι  Ξ  Λ  Υ  Ί  Α  Τ  Ν  Χ  Ί  Έ  Έ  Ψ
Χ  Ο  Ν  Υ  Τ  Σ  Ά  Λ  Τ  Σ  Α  Α  Π  Χ
Μ  Σ  Ρ  Λ  Χ  Α  Ο  Ν  Χ  Π  Ε  Σ  Ε  Ω
```

ΑΛΛΕΡΓΊΑ	ΜΕΝΟΎ
ΚΑΦΈ	ΣΆΛΤΣΑ
ΚΡΈΑΣ	ΨΩΜΊ
ΚΟΥΖΊΝΑ	ΠΙΚΆΝΤΙΚΟ
ΜΑΧΑΊΡΙ	ΠΛΆΚΑ
ΚΟΤΌΠΟΥΛΟ	ΚΡΆΤΗΣΗ
ΣΕΡΒΙΤΌΡΑ	ΕΠΙΔΌΡΠΙΟ
ΧΑΡΤΟΠΕΤΣΈΤΑ	ΜΠΟΛ
ΣΥΣΤΑΤΙΚΆ	

48 - Caminhada

```
Ω  Τ  Ν  Κ  Λ  Ί  Μ  Α  Π  Ν  Ξ  Ξ  Α  Μ
Ί  Ξ  Β  Ο  Ο  Ω  Ί  Ξ  Ξ  Β  Ι  Β  Χ  Π
Ω  Ε  Ρ  Υ  Ί  Ρ  Ί  Δ  Μ  Α  Β  Β  Ξ  Ό
Α  Ι  Ά  Ν  Ν  Χ  Υ  Ά  Γ  Ρ  Ι  Ο  Ν  Τ
Π  Έ  Χ  Ο  Χ  Ά  Ω  Φ  Ε  Ι  Ξ  Υ  Ί  Ε
Ά  Ι  Ο  Ύ  Γ  Ρ  Ο  Α  Ή  Ά  Ο  Ν  Λ  Σ
Ρ  Ζ  Σ  Π  Έ  Τ  Ρ  Α  Ν  Λ  Έ  Ό  Σ  Ί
Κ  Έ  Ώ  Ι  Β  Η  Κ  Ά  Μ  Π  Ι  Ν  Γ  Κ
Α  Τ  Π  Α  Ρ  Α  Σ  Κ  Ε  Υ  Ή  Ο  Ι  Υ
Ί  Ε  Κ  Ο  Υ  Ρ  Α  Σ  Μ  Έ  Ν  Ο  Σ  Ί
Ψ  Ω  Ν  Ε  Ρ  Ό  Κ  Α  Ι  Ρ  Ό  Σ  Λ  Έ
Ν  Ι  Χ  Γ  Ί  Λ  Η  Δ  Τ  Ω  Η  Ω  Α  Δ
Λ  Ξ  Υ  Ε  Β  Γ  Ν  Φ  Ύ  Σ  Η  Τ  Η  Ί
Η  Α  Ο  Δ  Η  Γ  Ο  Ί  Δ  Ω  Ν  Έ  Τ  Ψ
```

ΚΆΜΠΙΝΓΚ	ΚΟΥΝΟΎΠΙΑ
ΖΏΑ	ΦΎΣΗ
ΝΕΡΌ	ΠΆΡΚΑ
ΜΠΌΤΕΣ	ΠΈΤΡΑ
ΚΟΥΡΑΣΜΈΝΟΣ	ΒΡΆΧΟ
ΚΛΊΜΑ	ΒΑΡΙΆ
ΚΟΡΥΦΉ	ΠΑΡΑΣΚΕΥΉ
ΟΔΗΓΟΊ	ΆΓΡΙΟ
ΧΆΡΤΗ	ΉΛΙΟΣ
ΒΟΥΝΌ	ΚΑΙΡΌΣ

49 - Água

```
Ι Π Π Κ Α Ο Ω Ε Π Ν Ε Μ Μ Γ
Έ Ό Ο Α Τ Ξ Κ Ξ Λ Β Ξ Ο Ν Υ
Ν Σ Τ Ν Μ Ο Ε Ά Η Δ Ρ Μ Υ Ω
Υ Ι Α Ά Ο Ψ Α Τ Μ Ν Τ Ο Υ Σ
Γ Μ Μ Λ Ύ Ρ Ν Μ Μ Α Λ Υ Χ Α
Ρ Ό Ι Π Ι Ό Ι Ύ Ι Α Σ Ι Ή
Α Η Σ Ί Α Ά Σ Σ Ρ Ι Ο Ώ Ό Υ
Σ Ω Ί Λ Γ Ι Γ Η Α Η Χ Ν Ν Δ
Ί Β Ρ Ω Ω Δ Λ Ο Ξ Ω Π Α Ι Ψ
Α Δ Ν Ί Ν Γ Ί Β Σ Χ Σ Σ Ν Γ
Σ Τ Η Χ Ι Ο Υ Ρ Ι Κ Α Ν Α Σ
Ρ Υ Ε Ι Ά Ρ Δ Ε Υ Σ Η Α Χ Ί
Κ Ύ Μ Α Τ Α Λ Σ Λ Ί Μ Ν Η Μ
Π Υ Π Ί Ρ Α Ω Σ Ι Ξ Μ Τ Ι Β
```

ΚΑΝΆΛΙ	ΛΊΜΝΗ
ΒΡΟΧΉ	ΜΟΥΣΏΝΑΣ
ΝΤΟΥΣ	ΧΙΌΝΙ
ΕΞΆΤΜΙΣΗ	ΩΚΕΑΝΌΣ
ΧΙΟΥΡΙΚΑΝΑΣ	ΚΎΜΑΤΑ
ΠΑΓΩΝΙΆ	ΠΌΣΙΜΟ
ΠΆΓΟΣ	ΠΟΤΑΜΌΣ
ΠΛΗΜΜΎΡΑ	ΥΓΡΑΣΊΑ
ΆΡΔΕΥΣΗ	ΑΤΜΟΎ

50 - Ecologia

```
Ω Ξ Π Α Γ Κ Ό Σ Μ Ι Α Ω Ξ Β
Υ Η Β Υ Τ Ψ Ξ Ώ Χ Ε Δ Έ Ε Ι
Κ Λ Ί Μ Α Χ Λ Ω Ρ Ί Δ Α Ν Ώ
Ε Β Σ Π Π Ε Θ Ε Λ Ο Ν Τ Έ Σ
Ξ Ώ Ι Ο Σ Β Λ Ά Σ Τ Η Σ Η Ι
Ε Η Έ Ρ Κ Ο Ι Ν Ό Τ Η Τ Α Μ
Π Ό Ρ Ω Ν Υ Ι Ε Γ Χ Τ Θ Ι Η
Ι Η Τ Α Τ Ν Ί Ί Η Χ Έ Α Ξ Έ
Β Ω Ι Ψ Σ Ά Δ Δ Η Δ Ω Λ Χ Έ
Ί Τ Ο Ο Ό Ί Ε Ο Ω Χ Τ Ά Α Ψ
Ω Ψ Λ Η Η Ψ Α Σ Μ Φ Ύ Σ Η Η
Σ Π Α Ν Ί Δ Α Έ Ο Υ Έ Σ Τ Λ
Η Φ Υ Σ Ι Κ Ή Ψ Η Τ Β Ι Π Ί
Π Ο Ι Κ Ι Λ Ί Α Ε Ά Β Ο Λ Υ
```

ΚΛΊΜΑ	ΦΥΣΙΚΉ
ΚΟΙΝΌΤΗΤΑ	ΦΎΣΗ
ΠΟΙΚΙΛΊΑ	ΦΥΤΆ
ΕΊΔΟΣ	ΠΌΡΩΝ
ΠΑΝΊΔΑ	ΞΗΡΑΣΊΑ
ΧΛΩΡΊΔΑ	ΕΠΙΒΊΩΣΗ
ΠΑΓΚΌΣΜΙΑ	ΒΙΏΣΙΜΗ
ΘΑΛΆΣΣΙΟ	ΒΛΆΣΤΗΣΗ
ΒΟΥΝΆ	ΕΘΕΛΟΝΤΈΣ

51 - Família

```
Ξ  Θ  Έ  Ί  Α  Τ  Β  Έ  Δ  Β  Γ  Μ  Α  Π
Π  Ρ  Ό  Γ  Ο  Ν  Ο  Σ  Μ  Γ  Υ  Η  Ν  Α
Σ  Ύ  Ζ  Υ  Γ  Ο  Σ  Ι  Λ  Γ  Ν  Τ  Ι  Π
Ξ  Ξ  Τ  Ρ  Α  Ό  Τ  Π  Ξ  Λ  Α  Έ  Ψ  Π
Ξ  Β  Η  Έ  Ν  Γ  Ν  Α  Ρ  Έ  Ί  Ρ  Ι  Ο
Α  Ν  Α  Α  Ν  Ι  Ψ  Ι  Ό  Σ  Κ  Α  Ά  Ύ
Δ  Ί  Δ  Υ  Μ  Α  Π  Δ  Υ  Η  Α  Ί  Δ  Σ
Έ  Έ  Ψ  Υ  Π  Γ  Α  Ί  Α  Μ  Η  Ι  Ν  Ν
Ρ  Ν  Ν  Ξ  Δ  Ι  Τ  Δ  Υ  Δ  Ξ  Χ  Ί  Ξ
Φ  Κ  Ό  Ρ  Η  Ά  Έ  Τ  Ε  Ε  Ε  Χ  Ξ  Α
Η  Θ  Ε  Ί  Ο  Σ  Ρ  Έ  Λ  Υ  Λ  Γ  Δ  Δ
Β  Γ  Ε  Η  Β  Έ  Α  Ο  Σ  Α  Φ  Υ  Φ  Ψ
Λ  Ξ  Γ  Γ  Α  Έ  Σ  Ξ  Π  Ι  Λ  Ο  Ψ  Ή
Π  Λ  Δ  Π  Α  Τ  Ρ  Ι  Κ  Ή  Τ  Π  Σ  Λ
```

ΠΡΌΓΟΝΟΣ	ΜΗΤΈΡΑ
ΓΙΑΓΙΆ	ΕΓΓΌΝΙ
ΠΑΠΠΟΎΣ	ΠΑΤΈΡΑΣ
ΠΑΙΔΊ	ΠΑΤΡΙΚΉ
ΓΥΝΑΪΚΑ	ΞΑΔΈΡΦΗ
ΚΌΡΗ	ΑΝΙΨΙΆ
ΔΊΔΥΜΑ	ΑΝΙΨΙΌΣ
ΑΔΕΛΦΉ	ΘΕΊΑ
ΑΔΕΛΦΟΣ	ΘΕΊΟΣ
ΣΎΖΥΓΟΣ	

52 - Férias #2

```
Π  Ρ  Ό  Ο  Ρ  Ι  Σ  Μ  Ό  Σ  Μ  Ρ  Α  Ξ
Ψ  Γ  Λ  Δ  Ω  Δ  Ν  Υ  Ί  Β  Ε  Β  Ε  Ε
Ε  Σ  Τ  Ι  Α  Τ  Ό  Ρ  Ι  Ο  Τ  Π  Ρ  Ν
Θ  Ά  Λ  Α  Σ  Σ  Α  Β  Α  Β  Α  Α  Ο  Ο
Β  Δ  Χ  Β  Ξ  Ξ  Τ  Ρ  Α  Ί  Φ  Ρ  Δ  Δ
Ο  Κ  Ρ  Α  Μ  Ί  Έ  Β  Ί  Ζ  Ο  Α  Ρ  Ο
Χ  Ά  Ρ  Τ  Η  Μ  Δ  Ν  Ο  Α  Ρ  Λ  Ό  Χ
Α  Μ  Ν  Ή  Υ  Ν  Σ  Ι  Ο  Υ  Ά  Ί  Μ  Ε
Ί  Π  Σ  Ρ  Τ  Α  Ξ  Ί  Β  Β  Ν  Α  Ι  Ί
Ι  Ι  Ρ  Ι  Η  Χ  Μ  Σ  Α  Έ  Γ  Ά  Ο  Ο
Α  Ν  Μ  Ο  Λ  Χ  Η  Κ  Ρ  Ψ  Σ  Ψ  Ο  Ο
Γ  Γ  Γ  Η  Ψ  Δ  Α  Η  Ψ  Β  Η  Ω  Ο  Ω
Ν  Κ  Ω  Ω  Υ  Ε  Υ  Ν  Η  Σ  Ί  Ω  Έ  Ξ
Α  Ν  Α  Ψ  Υ  Χ  Ή  Ή  Ι  Σ  Ξ  Ω  Υ  Ί
```

ΚΆΜΠΙΝΓΚ	ΒΟΥΝΆ
ΑΕΡΟΔΡΌΜΙΟ	ΔΙΑΒΑΤΉΡΙΟ
ΠΡΟΟΡΙΣΜΌΣ	ΠΑΡΑΛΊΑ
ΞΈΝΟ	ΕΣΤΙΑΤΌΡΙΟ
ΞΕΝΟΔΟΧΕΊΟ	ΤΑΞΊ
ΝΗΣΊ	ΣΚΗΝΉ
ΑΝΑΨΥΧΉ	ΜΕΤΑΦΟΡΆ
ΧΆΡΤΗ	ΤΑΞΊΔΙ
ΘΆΛΑΣΣΑ	ΒΊΖΑ

53 - Edifícios

```
Ξ  Σ  Θ  Έ  Δ  Γ  Κ  Α  Ρ  Ά  Ζ  Ν  Α  Κ
Ε  Η  Ρ  Έ  Ί  Ξ  Ά  Μ  Β  Ξ  Λ  Σ  Χ  Α
Ν  Ε  Α  Ε  Α  Β  Σ  Δ  Γ  Υ  Λ  Έ  Υ  Μ
Ο  Ρ  Τ  Ι  Λ  Τ  Τ  Ί  Μ  Λ  Π  Ψ  Ρ  Π
Δ  Γ  Ε  Π  Υ  Ξ  Ρ  Σ  Ρ  Ά  Ύ  Χ  Ώ  Ί
Ο  Ο  Β  Ν  Δ  Δ  Ό  Ο  Μ  Ε  Ρ  Ρ  Ν  Ν
Χ  Σ  Μ  Σ  Χ  Ο  Λ  Ε  Ί  Ο  Γ  Κ  Α  Α
Ε  Τ  Ο  Σ  Τ  Ά  Δ  Ι  Ο  Β  Ο  Σ  Ε  Ε
Ί  Ά  Υ  Δ  Ι  Α  Μ  Έ  Ρ  Ι  Σ  Μ  Α  Τ
Ο  Σ  Σ  Ω  Β  Π  Ρ  Ε  Σ  Β  Ε  Ί  Α  Υ
Ο  Ι  Ε  Ρ  Γ  Α  Σ  Τ  Ή  Ρ  Ι  Ο  Η  Σ
Ρ  Ο  Ί  Α  Γ  Ρ  Ό  Κ  Τ  Η  Μ  Α  Ο  Ί
Μ  Χ  Ο  Σ  Κ  Η  Ν  Ή  Ξ  Τ  Α  Ψ  Μ  Ι
Π  Α  Ρ  Α  Τ  Η  Ρ  Η  Τ  Ή  Ρ  Ι  Ο  Σ
```

ΔΙΑΜΈΡΙΣΜΑ	ΓΚΑΡΆΖ
ΚΑΜΠΊΝΑ	ΞΕΝΟΔΟΧΕΊΟ
ΚΆΣΤΡΟ	ΕΡΓΑΣΤΉΡΙΟ
ΑΧΥΡΏΝΑ	ΜΟΥΣΕΊΟ
ΠΡΕΣΒΕΊΑ	ΠΑΡΑΤΗΡΗΤΉΡΙΟ
ΣΧΟΛΕΊΟ	ΜΆΡΚΕΤ
ΣΤΆΔΙΟ	ΘΈΑΤΡΟ
ΑΓΡΌΚΤΗΜΑ	ΣΚΗΝΉ
ΕΡΓΟΣΤΆΣΙΟ	ΠΎΡΓΟΣ

54 - Praia

```
Π  Λ  Ι  Μ  Ν  Ο  Θ  Ά  Λ  Α  Σ  Σ  Α  Δ
Α  Ε  Ρ  Μ  Η  Α  Κ  Τ  Ή  Ι  Ξ  Ν  Ι  Γ
Η  Η  Τ  Ω  Σ  Ι  Σ  Τ  Ι  Ο  Φ  Ό  Ρ  Ο
Μ  Ε  Έ  Σ  Ί  Ί  Γ  Η  Ρ  Β  Σ  Ρ  Ξ  Υ
Ο  Μ  Π  Ρ  Έ  Λ  Α  Ω  Ε  Δ  Ξ  Τ  Κ  Π
Γ  Ί  Ρ  Ρ  Β  Τ  Ι  Ψ  Γ  Έ  Σ  Σ  Α  Α
Σ  Δ  Ο  Θ  Ά  Λ  Α  Σ  Σ  Α  Η  Η  Β  Ί
Τ  Α  Ξ  Έ  Ρ  Α  Υ  Λ  Γ  Ο  Χ  Π  Ο  Α
Τ  Ω  Ν  Ω  Κ  Ε  Α  Ν  Ό  Σ  Τ  Ι  Ύ  Μ
Ψ  Ξ  Γ  Δ  Α  Π  Ο  Β  Ά  Θ  Ρ  Α  Ρ  Α
Ρ  Υ  Ε  Λ  Ά  Μ  Μ  Ο  Η  Τ  Ρ  Η  Ι  Ο
Ρ  Λ  Γ  Α  Ή  Λ  Ι  Ο  Σ  Μ  Π  Λ  Ε  Ν
Χ  Ε  Η  Μ  Τ  Ρ  Ι  Ί  Ψ  Υ  Ι  Ω  Έ  Ι
Β  Τ  Γ  Ν  Η  Χ  Ξ  Α  Β  Γ  Ί  Έ  Ω  Β
```

ΆΜΜΟ	ΛΙΜΝΟΘΆΛΑΣΣΑ
ΜΠΛΕ	ΘΆΛΑΣΣΑ
ΒΆΡΚΑ	ΩΚΕΑΝΌΣ
ΚΑΒΟΎΡΙ	ΞΈΡΑ
ΑΚΤΉ	ΣΑΝΔΆΛΙΑ
ΑΠΟΒΆΘΡΑ	ΉΛΙΟΣ
ΟΜΠΡΈΛΑ	ΠΕΤΣΈΤΑ
ΝΗΣΊ	ΙΣΤΙΟΦΌΡΟ

55 - Ferramentas de Cozinha

```
Τ  Σ  Λ  Υ  Α  Γ  Σ  Ό  Μ  Π  Α  Σ  Π  Τ
Ρ  Ο  Π  Μ  Π  Ω  Ί  Π  Ι  Ρ  Ο  Ύ  Ν  Ι
Θ  Υ  Έ  Η  Ο  Φ  Τ  Ξ  Ά  Π  Ξ  Χ  Π  Ψ
Ε  Ρ  Χ  Μ  Χ  Τ  Ο  Γ  Ω  Τ  Υ  Α  Τ  Σ
Ρ  Ω  Ε  Υ  Υ  Ρ  Σ  Ύ  Β  Γ  Ο  Ω  Ω  Ω
Μ  Τ  Ω  Ί  Μ  Ί  Τ  Μ  Ρ  Π  Α  Υ  Υ  Λ
Ό  Ή  Ξ  Έ  Ω  Φ  Ι  Σ  Α  Ν  Ψ  Α  Λ  Μ
Μ  Ρ  Τ  Α  Τ  Τ  Έ  Λ  Σ  Β  Ο  Γ  Π  Α
Ε  Ι  Κ  Τ  Ή  Η  Ρ  Ε  Τ  Π  Έ  Σ  Π  Χ
Τ  Υ  Χ  Α  Σ  Σ  Α  Ρ  Ή  Τ  Ρ  Β  Β  Α
Ρ  Λ  Ω  Ί  Π  Έ  Ι  Η  Ρ  Δ  Β  Ε  Β  Ί
Ο  Λ  Ί  Ε  Ι  Ά  Η  Ψ  Α  Λ  Ί  Δ  Ι  Ρ
Ψ  Υ  Γ  Ε  Ί  Ο  Κ  Χ  Σ  Λ  Α  Ι  Ω  Ι
Κ  Ο  Υ  Τ  Ά  Λ  Ι  Ι  Μ  Ρ  Υ  Γ  Β  Α
```

ΒΡΑΣΤΉΡΑΣ
ΣΟΥΡΩΤΉΡΙ
ΚΟΥΤΆΛΙ
ΣΠΆΤΟΥΛΑ
ΑΠΟΧΥΜΩΤΉΣ
ΜΑΧΑΊΡΙ
ΣΌΜΠΑ
ΦΟΎΡΝΟΣ

ΠΙΡΟΎΝΙ
ΨΥΓΕΊΟ
ΤΡΊΦΤΗΣ
ΚΑΠΆΚΙ
ΘΕΡΜΌΜΕΤΡΟ
ΨΑΛΊΔΙ
ΤΟΣΤΙΈΡΑ

56 - Xadrez

Χ	Ε	Δ	Η	Τ	Ώ	Π	Α	Ί	Κ	Τ	Η	Ρ	Τ
Τ	Π	Β	Ω	Ο	Ρ	Δ	Α	Τ	Χ	Σ	Χ	Δ	Ε
Α	Ν	Α	Ψ	Υ	Α	Ι	Π	Ι	Α	Α	Ο	Α	Γ
Δ	Μ	Ψ	Σ	Ρ	Ω	Α	Ρ	Υ	Χ	Ε	Χ	Έ	Τ
Γ	Π	Λ	Τ	Ν	Β	Γ	Ω	Λ	Η	Ν	Ν	Η	Δ
Μ	Α	Ύ	Ρ	Ο	Α	Ώ	Τ	Χ	Ψ	Δ	Ί	Ν	Μ
Β	Θ	Υ	Α	Υ	Σ	Ν	Α	Γ	Ί	Β	Έ	Δ	Χ
Υ	Η	Ω	Τ	Ά	Ί	Ι	Θ	Ε	Ξ	Λ	Ψ	Δ	Ι
Έ	Τ	Γ	Η	Ν	Λ	Ο	Λ	Ε	Υ	Κ	Ό	Θ	Ψ
Ν	Ι	Ε	Γ	Υ	Ί	Σ	Η	Ξ	Σ	Χ	Υ	Έ
Δ	Κ	Λ	Ι	Ί	Σ	Γ	Τ	Π	Β	Ί	Α	Σ	Ν
Ε	Ή	Η	Κ	Η	Σ	Τ	Ή	Ί	Δ	Δ	Η	Ί	Ξ
Ω	Ω	Γ	Ή	Π	Α	Π	Σ	Ε	Η	Ω	Ο	Α	Λ
Σ	Η	Μ	Ε	Ί	Α	Β	Α	Σ	Ι	Λ	Ι	Ά	Σ

ΛΕΥΚΌ   ΣΗΜΕΊΑ
ΠΡΩΤΑΘΛΗΤΉΣ   ΜΑΎΡΟ
ΔΙΑΓΏΝΙΟΣ   ΒΑΣΊΛΙΣΣΑ
ΣΤΡΑΤΗΓΙΚΉ   ΒΑΣΙΛΙΆΣ
ΠΑΊΚΤΗ   ΘΥΣΊΑ
ΠΑΙΧΝΊΔΙ   ΏΡΑ
ΠΑΘΗΤΙΚΉ   ΤΟΥΡΝΟΥΆ

57 - Aventura

```
Δ  Υ  Σ  Κ  Ο  Λ  Ί  Α  Τ  Δ  Ψ  Π  Τ  Χ
Δ  Ρ  Α  Σ  Τ  Η  Ρ  Ι  Ό  Τ  Η  Τ  Α  Γ
Ε  Ν  Θ  Ο  Υ  Σ  Ι  Α  Σ  Μ  Ό  Σ  Ξ  Ε
Ε  Π  Ι  Κ  Ί  Ν  Δ  Υ  Ν  Ο  Β  Σ  Ί  Ν
Υ  Λ  Δ  Π  Α  Ρ  Α  Σ  Κ  Ε  Υ  Ή  Δ  Ν
Κ  Ο  Ο  Ρ  Χ  Ρ  Α  Σ  Φ  Ά  Λ  Ε  Ι  Α
Α  Ή  Μ  Ο  Ο  Α  Λ  Τ  Ί  Η  Ο  Κ  Ε  Ι
Ι  Γ  Ο  Ο  Φ  Μ  Ρ  Ι  Λ  Υ  Ψ  Δ  Α  Ό
Ρ  Η  Ρ  Ρ  Α  Ύ  Ο  Ά  Ο  Έ  Ν  Ρ  Υ  Τ
Ί  Σ  Φ  Ι  Λ  Ο  Σ  Λ  Ι  Ψ  Έ  Ο  Ρ  Η
Α  Η  Ι  Σ  Γ  Β  Σ  Η  Ό  Γ  Α  Μ  Α  Τ
Χ  Δ  Ά  Μ  Ι  Λ  Γ  Π  Ν  Γ  Μ  Ή  Υ  Α
Ξ  Η  Α  Ό  Β  Π  Υ  Ω  Ο  Β  Ι  Έ  Δ  Ν
Ν  Ε  Α  Σ  Υ  Ν  Ή  Θ  Ι  Σ  Τ  Ο  Μ  Ι
```

ΧΑΡΆ	ΑΣΥΝΉΘΙΣΤΟ
ΦΊΛΟΙ	ΔΡΟΜΟΛΌΓΙΟ
ΔΡΑΣΤΗΡΙΌΤΗΤΑ	ΦΎΣΗ
ΟΜΟΡΦΙΆ	ΠΛΟΉΓΗΣΗ
ΓΕΝΝΑΙΌΤΗΤΑ	ΝΈΑ
ΕΥΚΑΙΡΊΑ	ΕΠΙΚΊΝΔΥΝΟ
ΠΡΟΟΡΙΣΜΌΣ	ΠΑΡΑΣΚΕΥΉ
ΔΥΣΚΟΛΊΑ	ΑΣΦΆΛΕΙΑ
ΕΝΘΟΥΣΙΑΣΜΌΣ	ΤΑΞΊΔΙ
ΕΚΔΡΟΜΉ	

58 - Surf

Ο	Ά	Ε	Γ	Α	Έ	Η	Γ	Α	Τ	Ω	Α	Π	Μ
Ξ	Ο	Κ	Ι	Ο	Τ	Δ	Ύ	Ν	Α	Μ	Η	Υ	Τ
Σ	Ω	Π	Ρ	Ψ	Γ	Α	Ρ	Χ	Ά	Ρ	Ι	Ο	Σ
Έ	Ι	Σ	Τ	Ο	Μ	Ά	Χ	Ι	Ί	Ρ	Ρ	Χ	Τ
Α	Α	Φ	Ρ	Ό	Σ	Ξ	Ο	Ύ	Β	Ε	Ο	Η	Υ
Έ	Θ	Ε	Χ	Ι	Έ	Δ	Ο	Ε	Τ	Ί	Έ	Α	Λ
Κ	Υ	Λ	Γ	Π	Έ	Δ	Β	Γ	Χ	Η	Τ	Ψ	Δ
Ύ	Ι	Β	Η	Ε	Ν	Ρ	Ε	Ρ	Ε	Έ	Τ	Έ	Π
Μ	Π	Ρ	Ω	Τ	Α	Θ	Λ	Η	Τ	Ή	Σ	Α	Α
Α	Ι	Π	Ν	Ρ	Ή	Π	Λ	Ή	Θ	Η	Σ	Λ	Ρ
Μ	Ξ	Ξ	Έ	Ρ	Α	Σ	Κ	Α	Ι	Ρ	Ό	Σ	Α
Υ	Η	Υ	Ω	Δ	Η	Μ	Ο	Φ	Ι	Λ	Ή	Σ	Λ
Τ	Ξ	Β	Ί	Έ	Ξ	Ρ	Α	Λ	Ν	Γ	Έ	Τ	Ί
Ρ	Ψ	Ν	Ω	Ω	Κ	Ε	Α	Ν	Ό	Σ	Α	Γ	Α

ΑΘΛΗΤΉΣ
ΠΡΩΤΑΘΛΗΤΉΣ
ΑΦΡΌΣ
ΣΤΥΛ
ΣΤΟΜΆΧΙ
ΆΚΡΟ
ΔΎΝΑΜΗ
ΠΛΉΘΗ

ΩΚΕΑΝΌΣ
ΚΎΜΑ
ΔΗΜΟΦΙΛΉΣ
ΠΑΡΑΛΊΑ
ΑΡΧΆΡΙΟΣ
ΤΑΧΎΤΗΤΑ
ΞΈΡΑ
ΚΑΙΡΌΣ

59 - Floresta Tropical

```
Κ  Κ  Ό  Ι  Ν  Ό  Τ  Η  Τ  Α  Υ  Α  Ω  Β
Ω  Λ  Έ  Ι  Ε  Ί  Δ  Ο  Σ  Σ  Δ  Π  Τ  Ο
Τ  Ψ  Ί  Ρ  Γ  Π  Ο  Υ  Λ  Ι  Ά  Ο  Ϊ  Τ
Ρ  Ε  Γ  Μ  Ί  Η  Ε  Ω  Ξ  Π  Ν  Κ  Δ  Α
Ο  Ο  Ο  Γ  Α  Ε  Σ  Έ  Β  Ο  Μ  Α  Ι  Ν
Α  Α  Ξ  Μ  Χ  Π  Υ  Κ  Ρ  Ι  Θ  Τ  Α  Ι
Α  Μ  Φ  Ί  Β  Ι  Α  Α  Ύ  Κ  Η  Ά  Τ  Κ
Ι  Π  Ψ  Λ  Σ  Β  Ζ  Τ  Α  Ι  Λ  Σ  Ή  Ή
Χ  Ψ  Β  Ξ  Ύ  Ί  Ο  Α  Έ  Λ  Α  Τ  Ρ  Τ
Ο  Γ  Λ  Η  Ν  Ω  Ύ  Φ  Ν  Ί  Σ  Α  Η  Δ
Φ  Ύ  Σ  Η  Ν  Σ  Γ  Ύ  Τ  Α  Τ  Σ  Σ  Ο
Ψ  Σ  Τ  Τ  Ε  Η  Κ  Γ  Ο  Υ  Ι  Η  Η  Μ
Η  Ν  Μ  Π  Φ  Μ  Λ  Ι  Μ  Η  Κ  Έ  Δ  Λ
Η  Λ  Ρ  Ι  Α  Σ  Α  Ο  Α  Μ  Ά  Μ  Ο  Υ
```

ΑΜΦΊΒΙΑ	ΦΎΣΗ
ΒΟΤΑΝΙΚΉ	ΣΎΝΝΕΦΑ
ΚΛΊΜΑ	ΠΟΥΛΙΆ
ΚΟΙΝΌΤΗΤΑ	ΔΙΑΤΉΡΗΣΗ
ΠΟΙΚΙΛΊΑ	ΚΑΤΑΦΎΓΙΟ
ΕΊΔΟΣ	ΣΈΒΟΜΑΙ
ΈΝΤΟΜΑ	ΑΠΟΚΑΤΆΣΤΑΣΗ
ΘΗΛΑΣΤΙΚΆ	ΖΟΎΓΚΛΑ
ΒΡΎΑ	ΕΠΙΒΊΩΣΗ

60 - Cidade

```
Ξ  Ι  Ί  Ί  Θ  Έ  Α  Τ  Ρ  Ο  Λ  Ί  Έ  Υ
Μ  Ε  Σ  Τ  Ι  Α  Τ  Ό  Ρ  Ι  Ο  Υ  Τ  Έ
Ο  Α  Ν  Σ  Τ  Ά  Δ  Ι  Ο  Ά  Ί  Δ  Γ  Μ
Υ  Ι  Γ  Ο  Ρ  Ψ  Ο  Μ  Α  Έ  Π  Ξ  Α  Ί
Σ  Έ  Β  Ο  Δ  Ξ  Υ  Ά  Ω  Η  Β  Ε  Γ  Δ
Ε  Υ  Τ  Ν  Ρ  Ο  Λ  Ρ  Π  Ν  Ι  Σ  Ζ  Σ
Ί  Π  Χ  Χ  Ψ  Ά  Χ  Κ  Ξ  Τ  Β  Χ  Ω  Α
Ο  Φ  Α  Ρ  Μ  Α  Κ  Ε  Ί  Ο  Λ  Ο  Ο  Λ
Σ  Υ  Λ  Λ  Ο  Γ  Ή  Τ  Ί  Σ  Ι  Λ  Λ  Ό
Α  Ρ  Τ  Ο  Π  Ο  Ι  Ε  Ί  Ο  Ο  Ε  Ό  Ν
Α  Ε  Ρ  Ο  Δ  Ρ  Ό  Μ  Ι  Ο  Θ  Ί  Γ  Ι
Α  Ν  Θ  Ο  Π  Ω  Λ  Ε  Ί  Ο  Ή  Ο  Ι  Β
Ν  Ξ  Υ  Δ  Ο  Λ  Ξ  Χ  Λ  Ν  Κ  Τ  Κ  Ω
Κ  Λ  Ι  Ν  Ι  Κ  Ή  Λ  Μ  Ψ  Η  Ρ  Ό  Έ
```

ΑΕΡΟΔΡΌΜΙΟ	ΞΕΝΟΔΟΧΕΊΟ
ΤΡΆΠΕΖΑ	ΖΩΟΛΟΓΙΚΌ
ΒΙΒΛΙΟΘΉΚΗ	ΑΓΟΡΆ
ΚΛΙΝΙΚΉ	ΜΟΥΣΕΊΟ
ΣΧΟΛΕΊΟ	ΑΡΤΟΠΟΙΕΊΟ
ΣΤΆΔΙΟ	ΕΣΤΙΑΤΌΡΙΟ
ΦΑΡΜΑΚΕΊΟ	ΣΑΛΌΝΙ
ΑΝΘΟΠΩΛΕΊΟ	ΜΆΡΚΕΤ
ΣΥΛΛΟΓΉ	ΘΈΑΤΡΟ

61 - Matemática

```
Π  Έ  Ω  Ε  Σ  Η  Β  Ω  Γ  Β  Η  Ρ  Κ  Τ
Π  Ε  Κ  Θ  Έ  Τ  Η  Ξ  Ω  Β  Ε  Β  Ά  Ο
Ο  Λ  Ρ  Τ  Ρ  Ι  Γ  Ώ  Ν  Ο  Υ  Μ  Θ  Α
Λ  Ρ  Α  Ι  Υ  Α  Κ  Τ  Ί  Ν  Α  Π  Ε  Ρ
Ύ  Μ  Θ  Τ  Φ  Ί  Ν  Ψ  Α  Ω  Γ  Ε  Τ  Ι
Γ  Έ  Β  Ο  Ε  Έ  Κ  Λ  Ά  Σ  Μ  Α  Ο  Θ
Ω  Ε  Λ  Ρ  Γ  Ί  Ρ  Ρ  Ψ  Ο  Υ  Ο  Σ  Μ
Ν  Σ  Η  Χ  Τ  Ώ  Α  Ε  Ξ  Ί  Σ  Ω  Σ  Η
Ο  Χ  Χ  Ψ  Ο  Ε  Ν  Χ  Ι  Έ  Α  Τ  Ρ  Τ
Ξ  Π  Μ  Α  Ω  Π  Τ  Ι  Ε  Α  Ί  Ί  Ί  Ι
Ά  Θ  Ρ  Ο  Ι  Σ  Μ  Α  Ο  Π  Ρ  Μ  Δ  Κ
Σ  Υ  Μ  Μ  Ε  Τ  Ρ  Ί  Α  Σ  Σ  Ξ  Ί  Ή
Δ  Ε  Κ  Α  Δ  Ι  Κ  Ό  Ω  Ν  Ρ  Α  Σ  Χ
Δ  Ι  Ά  Μ  Ε  Τ  Ρ  Ο  Σ  Ρ  Ί  Α  Γ  Υ
```

ΑΡΙΘΜΗΤΙΚΉ	ΚΆΘΕΤΟΣ
ΓΩΝΊΑ	ΠΟΛΎΓΩΝΟ
ΠΕΡΙΦΈΡΕΙΑ	ΠΛΑΤΕΊΑ
ΔΕΚΑΔΙΚΌ	ΑΚΤΊΝΑ
ΔΙΆΜΕΤΡΟΣ	ΟΡΘΟΓΏΝΙΟ
ΕΞΊΣΩΣΗ	ΣΥΜΜΕΤΡΊΑ
ΕΚΘΈΤΗ	ΆΘΡΟΙΣΜΑ
ΚΛΆΣΜΑ	ΤΡΙΓΏΝΟΥ

62 - Natureza

Δ	Ν	Π	Γ	Γ	Α	Δ	Α	Ρ	Κ	Τ	Ι	Κ	Ή
Υ	Ι	Δ	Α	Σ	Ο	Σ	Ι	Ο	Ο	Ρ	Σ	Α	Ο
Ν	Γ	Ά	Γ	Ρ	Ι	Ο	Ε	Μ	Α	Ο	Τ	Τ	Μ
Α	Ζ	Α	Β	Δ	Έ	Ν	Ρ	Ο	Ψ	Π	Ε	Α	Ί
Μ	Ω	Σ	Λ	Ρ	Α	Δ	Ό	Ρ	Π	Ι	Ρ	Φ	Χ
Ι	Τ	Ξ	Ύ	Ή	Ω	Ξ	Ί	Φ	Ο	Κ	Ή	Ύ	Λ
Κ	Ι	Σ	Ψ	Ν	Ν	Σ	Α	Ι	Τ	Ή	Μ	Γ	Η
Ή	Κ	Τ	Ε	Τ	Ν	Ι	Η	Ά	Α	Χ	Ο	Ι	Ξ
Γ	Ή	Σ	Η	Υ	Γ	Ε	Ο	Ζ	Μ	Έ	Υ	Ο	Ο
Φ	Ύ	Λ	Λ	Ω	Μ	Α	Φ	Ώ	Ό	Ι	Ψ	Β	Έ
Ί	Π	Α	Γ	Ε	Τ	Ώ	Ν	Α	Σ	Ι	Σ	Σ	Α
Μ	Έ	Λ	Ι	Σ	Σ	Ε	Σ	Ψ	Η	Γ	Σ	Ρ	Ξ
Β	Ε	Ι	Ρ	Η	Ν	Ι	Κ	Ή	Γ	Υ	Ο	Σ	Ι
Μ	Σ	Ξ	Ι	Ν	Α	Α	Ω	Έ	Π	Β	Δ	Έ	Γ

ΜΈΛΙΣΣΕΣ	ΠΑΓΕΤΩΝΑΣ
ΚΑΤΑΦΎΓΙΟ	ΟΜΊΧΛΗ
ΖΏΑ	ΣΎΝΝΕΦΑ
ΑΡΚΤΙΚΉ	ΕΙΡΗΝΙΚΉ
ΟΜΟΡΦΙΆ	ΠΟΤΑΜΌΣ
ΕΡΉΜΟΥ	ΙΕΡΌ
ΔΥΝΑΜΙΚΉ	ΆΓΡΙΟ
ΔΙΆΒΡΩΣΗ	ΓΑΛΉΝΙΟ
ΔΑΣΟΣ	ΤΡΟΠΙΚΉ
ΦΎΛΛΩΜΑ	ΖΩΤΙΚΉ

63 - Preencher

```
Ν  Δ  Σ  Β  Φ  Κ  Ο  Υ  Τ  Ί  Ω  Ι  Λ  Γ
Χ  Π  Ω  Α  Ά  Μ  Ρ  Π  Δ  Μ  Ψ  Ι  Κ  Ί
Μ  Ρ  Λ  Λ  Κ  Π  Μ  Έ  Ε  Σ  Η  Τ  Α  Ε
Ω  Σ  Ή  Ί  Ε  Ο  Π  Α  Κ  Έ  Τ  Ο  Λ  Β
Ί  Ψ  Ν  Τ  Λ  Υ  Ύ  Η  Έ  Ω  Λ  Ε  Ά  Ά
Α  Λ  Α  Σ  Ο  Κ  Ψ  Λ  Ε  Υ  Ν  Ρ  Θ  Ζ
Σ  Ι  Σ  Α  Ά  Λ  Ε  Α  Π  Υ  Ψ  Ι  Ο
Β  Α  Υ  Δ  Ί  Λ  Ψ  Κ  Ί  Μ  Μ  Ψ  Σ  Σ
Έ  Γ  Ρ  Ί  Μ  Ι  Ί  Ά  Β  Α  Ρ  Έ  Λ  Ι
Ψ  Λ  Τ  Σ  Η  Ν  Ν  Τ  Σ  Έ  Χ  Ν  Ξ
Υ  Φ  Ά  Κ  Ε  Λ  Ο  Η  Ι  Σ  Ξ  Ψ  Μ  Έ
Μ  Έ  Ρ  Ο  Ί  Τ  Β  Β  Ρ  Γ  Έ  Σ  Ο  Β
Ψ  Ξ  Ι  Σ  Ί  Ξ  Ρ  Ν  Ψ  Ι  Η  Π  Σ  Χ
Ξ  Χ  Λ  Ξ  Ί  Ψ  Ω  Π  Ν  Β  Ν  Μ  Η  Υ
```

ΛΕΚΆΝΗ	ΣΥΡΤΆΡΙ
ΔΊΣΚΟΣ	ΒΑΛΊΤΣΑ
ΒΑΡΈΛΙ	ΠΑΚΈΤΟ
ΤΣΈΠΗ	ΦΆΚΕΛΟ
ΚΟΥΤΊ	ΣΑΚΟΎΛΑ
ΚΑΛΆΘΙ	ΣΩΛΉΝΑΣ
ΦΆΚΕΛΟΣ	ΒΆΖΟ
ΜΠΟΥΚΆΛΙ	

64 - Animais de Estimação

```
Ε  Σ  Κ  Ύ  Λ  Ο  Σ  Ί  Ρ  Χ  Τ  Χ  Ι  Η
Γ  Γ  Τ  Ο  Υ  Ρ  Ά  Α  Γ  Ε  Λ  Ά  Δ  Α
Ί  Ο  Χ  Β  Λ  Χ  Ί  Ο  Ο  Λ  Γ  Μ  Ξ  Ω
Π  Α  Π  Α  Γ  Ά  Λ  Ο  Σ  Ώ  Υ  Σ  Δ  Β
Κ  Γ  Έ  Ρ  Ά  Τ  Ρ  Τ  Ε  Ν  Ε  Τ  Σ  Π
Ο  Ν  Ί  Β  Τ  Δ  Π  Ο  Γ  Α  Τ  Ε  Μ  Ν
Υ  Σ  Ξ  Δ  Α  Γ  Σ  Α  Ύ  Ρ  Α  Ρ  Ρ  Ε
Ν  Ε  Β  Ι  Α  Α  Κ  Ο  Υ  Τ  Ά  Β  Ι  Ρ
Έ  Ν  Ί  Ο  Τ  Τ  Ε  Ι  Ι  Έ  Λ  Ο  Ξ  Ό
Λ  Γ  Α  Τ  Σ  Ά  Ρ  Ρ  Ω  Ω  Ρ  Ι  Σ  Ρ
Ι  Β  Ι  Τ  Π  Κ  Π  Ο  Ν  Τ  Ί  Κ  Ι  Η
Ν  Ύ  Χ  Ι  Α  Ι  Ψ  Ά  Ρ  Ι  Μ  Ω  Ξ  Ι
Κ  Τ  Η  Ν  Ί  Α  Τ  Ρ  Ο  Σ  Γ  Η  Ν  Μ
Ο  Ω  Δ  Τ  Λ  Β  Β  Ω  Ρ  Λ  Π  Ω  Τ  Ρ
```

ΝΕΡΌ	ΓΆΤΑ
ΓΊΔΑ	ΧΆΜΣΤΕΡ
ΚΟΥΤΆΒΙ	ΣΑΎΡΑ
ΟΥΡΆ	ΠΟΝΤΊΚΙ
ΣΚΎΛΟΣ	ΠΑΠΑΓΆΛΟΣ
ΚΟΥΝΈΛΙ	ΨΆΡΙ
ΚΟΛΆΡΟ	ΧΕΛΏΝΑ
ΝΎΧΙΑ	ΑΓΕΛΆΔΑ
ΓΑΤΆΚΙ	ΚΤΗΝΊΑΤΡΟΣ

65 - Escalada

Π	Χ	Ά	Ρ	Τ	Η	Ε	Σ	Ί	Ί	Ί	Π	Α	Π
Έ	Ε	Ξ	Ψ	Τ	Κ	Ρ	Ά	Ν	Ο	Σ	Ε	Τ	Ο
Δ	Γ	Ρ	Έ	Ο	Φ	Υ	Ξ	Β	Τ	Τ	Ζ	Μ	Υ
Α	Ί	Σ	Ι	Ψ	Ι	Υ	Η	Σ	Ε	Μ	Ο	Ό	Ψ
Φ	Λ	Έ	Ν	Έ	Σ	Ε	Σ	Ν	Μ	Ι	Π	Σ	Ό
Ο	Σ	Α	Υ	Α	Ρ	Μ	Υ	Ι	Υ	Ρ	Ο	Φ	Μ
Σ	Ξ	Έ	Ο	Δ	Η	Γ	Ο	Ί	Κ	Γ	Ρ	Α	Ε
Σ	Π	Ή	Λ	Α	Ι	Ο	Ε	Δ	Ι	Ή	Ί	Ι	Τ
Σ	Τ	Ε	Υ	Η	Ι	Ξ	Μ	Ι	Σ	Η	Α	Ρ	Ρ
Λ	Τ	Σ	Τ	Π	Γ	Δ	Ύ	Ν	Α	Μ	Η	Α	Ο
Α	Μ	Ε	Σ	Τ	Α	Θ	Ε	Ρ	Ό	Τ	Η	Τ	Α
Ρ	Γ	Ά	Ν	Τ	Ι	Α	Ρ	Δ	Γ	Μ	Χ	Υ	Ψ
Α	Λ	Μ	Π	Ό	Τ	Ε	Σ	Λ	Π	Χ	Μ	Ν	Χ
Γ	Δ	Ί	Ι	Ο	Ξ	Τ	Ε	Ω	Α	Λ	Τ	Ο	Ξ

ΥΨΌΜΕΤΡΟ
ΑΤΜΌΣΦΑΙΡΑ
ΜΠΌΤΕΣ
ΠΕΖΟΠΟΡΊΑ
ΚΡΆΝΟΣ
ΣΠΉΛΑΙΟ
ΠΕΡΙΈΡΓΕΙΑ
ΣΤΑΘΕΡΌΤΗΤΑ

ΣΤΕΝΌ
ΦΥΣΙΚΉ
ΔΎΝΑΜΗ
ΟΔΗΓΟΊ
ΓΆΝΤΙΑ
ΧΆΡΤΗ
ΈΔΑΦΟΣ

66 - Aviões

M	K	A	T	A	Σ	K	E	Y	Ή	Y	Π	E	Ξ
H	A	N	A	T	A	P	A	X	Ή	Δ	Λ	Λ	O
X	H	T	Δ	Y	I	Ί	Ψ	H	Ψ	P	Ή	Ί	B
A	M	Π	A	Λ	Ό	N	I	Σ	T	O	P	Ί	A
N	Ω	E	O	B	M	M	P	Ξ	A	Γ	Ω	Π	Φ
Ή	Ω	P	N	A	X	X	N	Λ	N	Ό	M	P	O
E	Π	I	B	Ά	T	H	N	Ί	Π	N	A	O	Y
Ψ	A	Π	K	A	Ύ	Σ	I	M	O	O	O	Σ	Σ
P	Έ	Έ	P	Y	Ψ	O	Σ	Ξ	Ψ	B	Y	Γ	K
O	P	T	Π	I	Λ	O	T	I	K	Ή	P	E	Ώ
Σ	A	E	Y	Ψ	Ό	M	E	T	P	O	A	Ί	N
Λ	Σ	I	A	Έ	Λ	Ξ	Έ	Ί	Ί	I	N	Ω	O
B	K	A	T	A	Γ	Ω	Γ	Ή	M	Ψ	Ό	Σ	Y
A	T	M	Ό	Σ	Φ	A	I	P	A	Ξ	Σ	H	N

ΥΨΌΜΕΤΡΟ	ΚΑΤΑΓΩΓΉ
ΎΨΟΣ	ΥΔΡΟΓΌΝΟ
ΑΈΡΑΣ	ΙΣΤΟΡΊΑ
ΠΡΟΣΓΕΊΩΣΗ	ΦΟΥΣΚΏΝΟΥΝ
ΑΤΜΌΣΦΑΙΡΑ	ΜΗΧΑΝΉ
ΠΕΡΙΠΈΤΕΙΑ	ΕΠΙΒΆΤΗ
ΜΠΑΛΌΝΙ	ΠΙΛΟΤΙΚΉ
ΟΥΡΑΝΌΣ	ΠΛΉΡΩΜΑ
ΚΑΎΣΙΜΟ	ΑΝΑΤΑΡΑΧΉ
ΚΑΤΑΣΚΕΥΉ	

67 - Tipos de Cabelo

```
Π  Λ  Ε  Ξ  Ο  Ύ  Δ  Ε  Σ  Ί  Μ  Κ  Π  Λ
Τ  Δ  Γ  Ψ  Η  Ξ  Ν  Α  Υ  Ξ  Ο  Ο  Λ  Ε
Ξ  Σ  Γ  Ο  Υ  Ρ  Ά  Κ  Α  Φ  Έ  Ν  Ε  Π
Υ  Α  Λ  Ε  Υ  Κ  Ό  Μ  Ε  Ί  Π  Τ  Γ  Τ
Γ  Σ  Ν  Ψ  Ί  Μ  Ν  Π  Α  Χ  Ύ  Ό  Μ  Ή
Ι  Η  Υ  Θ  Β  Α  Π  Ο  Β  Λ  Μ  Ί  Έ  Β
Ή  Μ  Ω  Ι  Ά  Ύ  Ξ  Ύ  Σ  Π  Α  Ί  Ν  Ξ
Δ  Έ  Σ  Δ  Ε  Ρ  Γ  Κ  Ρ  Ι  Κ  Κ  Ο  Γ
Υ  Ν  Χ  Ξ  Ι  Ο  Ξ  Λ  Ε  Ψ  Ρ  Ρ  Ό  Λ
Α  Ι  Ι  Λ  Α  Μ  Π  Ε  Ρ  Ά  Ύ  Β  Χ  Χ
Μ  Ο  Β  Έ  Σ  Ξ  Σ  Σ  Χ  Ο  Ρ  Τ  Έ  Υ
Φ  Α  Λ  Α  Κ  Ρ  Ό  Σ  Δ  Π  Λ  Λ  Γ  Γ
Σ  Λ  Ω  Δ  Ε  Ε  Ο  Έ  Υ  Χ  Χ  Έ  Ω  Μ
Γ  Ψ  Π  Π  Τ  Ω  Α  Π  Έ  Σ  Ο  Ψ  Ν  Σ
```

ΛΕΥΚΌ
ΛΑΜΠΕΡΆ
ΜΠΟΎΚΛΕΣ
ΦΑΛΑΚΡΌΣ
ΓΚΡΙ
ΚΟΝΤΟ
ΣΓΟΥΡΆ
ΛΕΠΤΉ
ΠΑΧΎ
ΞΑΝΘΆ

ΜΑΚΡΎ
ΚΑΦΈ
ΑΣΗΜΈΝΙΟ
ΜΑΎΡΟ
ΥΓΙΉ
ΞΗΡΌ
ΜΑΛΑΚΌ
ΠΛΕΓΜΈΝΟ
ΠΛΕΞΟΎΔΕΣ

68 - Formas

```
Κ  Ο  Τ  Σ  Ο  Α  Τ  Ό  Ξ  Ο  Υ  Ο  Ω  Π
Α  Α  Ξ  Μ  Φ  Β  Έ  Ρ  Γ  Ρ  Α  Μ  Μ  Ή
Μ  Υ  Ν  Χ  Ν  Α  Ά  Ι  Ω  Θ  Π  Α  Κ  Τ
Π  Ρ  Ί  Σ  Μ  Α  Ί  Λ  Ν  Ο  Υ  Ξ  Ύ  Ρ
Ύ  Ω  Η  Ω  Ω  Ι  Ι  Ρ  Ί  Γ  Ρ  Γ  Λ  Ι
Λ  Γ  Η  Κ  Ύ  Β  Ο  Σ  Α  Ώ  Α  Κ  Ι  Γ
Η  Υ  Π  Ε  Ρ  Β  Ο  Λ  Ή  Ν  Μ  Ώ  Ν  Ώ
Ο  Β  Π  Λ  Α  Τ  Ε  Ί  Α  Ι  Ί  Ν  Δ  Ν
Ί  Ε  Ο  Π  Ε  Τ  Λ  Χ  Β  Ο  Δ  Ο  Ρ  Ο
Τ  Μ  Ξ  Ί  Μ  Υ  Ι  Σ  Α  Ω  Α  Σ  Ο  Υ
Ω  Ε  Π  Λ  Έ  Τ  Ρ  Κ  Ύ  Κ  Λ  Ο  Σ  Ε
Ν  Ο  Η  Υ  Ε  Σ  Ε  Ά  Σ  Γ  Μ  Ο  Μ  Ν
Έ  Λ  Λ  Ε  Ι  Ψ  Η  Π  Τ  Ψ  Ψ  Ψ  Λ  Β
Π  Ο  Λ  Ύ  Γ  Ω  Ν  Ο  Ρ  Β  Χ  Χ  Α  Τ
```

ΤΌΞΟ	ΠΛΕΥΡΆ
ΓΩΝΊΑ	ΓΡΑΜΜΉ
ΚΎΛΙΝΔΡΟΣ	ΟΒΆΛ
ΚΎΚΛΟΣ	ΠΥΡΑΜΊΔΑ
ΚΏΝΟΣ	ΠΟΛΎΓΩΝΟ
ΚΎΒΟΣ	ΠΡΊΣΜΑ
ΚΑΜΠΎΛΗ	ΠΛΑΤΕΊΑ
ΈΛΛΕΙΨΗ	ΟΡΘΟΓΏΝΙΟ
ΣΦΑΊΡΑ	ΤΡΙΓΏΝΟΥ
ΥΠΕΡΒΟΛΉ	

69 - Dias e Meses

```
Ο  Μ  Ε  Τ  Α  Ι  Ο  Υ  Λ  Ί  Ο  Υ  Χ  Σ
Η  Ι  Σ  Υ  Κ  Υ  Ρ  Ι  Α  Κ  Ή  Ν  Π  Χ
Β  Μ  Δ  Ο  Ξ  Ν  Γ  Β  Μ  Έ  Π  Ξ  Α  Γ
Δ  Ή  Ε  Γ  Π  Α  Ο  Ο  Ι  Ω  Έ  Φ  Ρ  Ο
Ε  Ν  Κ  Ρ  Ι  Ί  Ι  Π  Ύ  Ι  Μ  Ε  Α  Ι
Υ  Α  Ε  Τ  Ο  Σ  Ο  Ω  Χ  Σ  Π  Β  Σ  Α
Τ  Σ  Μ  Ρ  Υ  Λ  Ω  Υ  Α  Λ  Τ  Ρ  Κ  Ν
Έ  Ά  Β  Ί  Ν  Σ  Ό  Χ  Π  Ψ  Η  Ο  Ε  Ο
Ρ  Β  Ρ  Τ  Ί  Ι  Ρ  Γ  Ρ  Έ  Ί  Υ  Υ  Υ
Α  Β  Ί  Η  Ο  Α  Η  Α  Ι  Έ  Ν  Α  Ή  Α
Γ  Α  Ο  Α  Υ  Δ  Γ  Ν  Λ  Ο  Ί  Ρ  Τ  Ρ
Τ  Τ  Υ  Ξ  Λ  Χ  Β  Β  Ί  Λ  Π  Ί  Σ  Ί
Δ  Ο  Κ  Τ  Ω  Β  Ρ  Ί  Ο  Υ  Ο  Ο  Ω  Ο
Ν  Ο  Ε  Μ  Β  Ρ  Ί  Ο  Υ  Ξ  Χ  Υ  Χ  Υ
```

ΑΠΡΙΛΊΟΥ	ΙΟΥΝΊΟΥ
ΑΥΓΟΎΣΤΟΥ	ΜΉΝΑΣ
ΕΤΟΣ	ΝΟΕΜΒΡΊΟΥ
ΗΜΕΡΟΛΌΓΙΟ	ΟΚΤΩΒΡΊΟΥ
ΔΕΚΕΜΒΡΊΟΥ	ΠΈΜΠΤΗ
ΚΥΡΙΑΚΉ	ΣΆΒΒΑΤΟ
ΦΕΒΡΟΥΑΡΊΟΥ	ΔΕΥΤΈΡΑ
ΙΑΝΟΥΑΡΊΟΥ	ΠΑΡΑΣΚΕΥΉ
ΙΟΥΛΊΟΥ	ΤΡΊΤΗ

70 - Geografia

```
Ι  Τ  Ί  Τ  Χ  Υ  Ί  Σ  Α  Ν  Μ  Ι  Ο  Η
Π  Π  Ε  Ο  Ά  Γ  Ψ  Ν  Λ  Η  Μ  Ψ  Χ  Μ
Ή  Π  Ε  Ι  Ρ  Ο  Σ  Ό  Ί  Σ  Τ  Γ  Κ  Ι
Έ  Ε  Α  Μ  Τ  Ά  Ρ  Υ  Μ  Ί  Γ  Έ  Ό  Σ
Δ  Ρ  Α  Λ  Η  Ξ  Τ  Ε  Τ  Ε  Έ  Β  Σ  Φ
Α  Ι  Χ  Β  Α  Π  Η  Λ  Υ  Η  Τ  Ο  Μ  Α
Φ  Ο  Ω  Π  Δ  Ω  Δ  Τ  Α  Δ  Ξ  Ρ  Ο  Ί
Ο  Χ  Ρ  Έ  Ρ  Ω  Β  Ο  Υ  Ν  Ό  Ρ  Ο  Ρ
Σ  Ή  Α  Λ  Ρ  Π  Β  Ρ  Ί  Π  Τ  Ά  Δ  Ι
Γ  Ε  Ω  Γ  Ρ  Α  Φ  Ι  Κ  Ό  Ό  Α  Ύ  Ο
Θ  Ά  Λ  Α  Σ  Σ  Α  Ο  Λ  Χ  Π  Λ  Σ  Χ
Π  Ο  Τ  Α  Μ  Ό  Σ  Ν  Ό  Τ  Ι  Α  Η  Γ
Σ  Ί  Ω  Κ  Ε  Α  Ν  Ό  Σ  Ν  Λ  Ι  Ψ  Λ
Μ  Γ  Ρ  Ω  Μ  Ε  Σ  Η  Μ  Β  Ρ  Ι  Ν  Ό
```

ΥΨΌΜΕΤΡΟ	ΒΟΥΝΌ
ΆΤΛΑΝΤΑ	ΚΌΣΜΟ
ΠΌΛΗ	ΒΟΡΡΆ
ΉΠΕΙΡΟΣ	ΩΚΕΑΝΌΣ
ΗΜΙΣΦΑΊΡΙΟ	ΔΎΣΗ
ΝΗΣΊ	ΧΏΡΑ
ΓΕΩΓΡΑΦΙΚΌ	ΠΕΡΙΟΧΗ
ΧΆΡΤΗ	ΠΟΤΑΜΌΣ
ΘΆΛΑΣΣΑ	ΝΌΤΙΑ
ΜΕΣΗΜΒΡΙΝΌ	ΈΔΑΦΟΣ

71 - Antártica

```
Π  Ι  Γ  Κ  Ο  Υ  Ί  Ν  Ο  Ι  Ο  Η  Ι  Ω
Ο  Φ  Ά  Λ  Α  Ι  Ν  Α  Ε  Ι  Τ  Ρ  Χ  Γ
Β  Ρ  Ξ  Τ  Ξ  Λ  Ε  Υ  Λ  Ω  Θ  Ί  Ε  Μ
Ρ  Ν  Υ  Ι  Η  Η  Π  Ν  Χ  Έ  Ε  Ξ  Ρ  Χ
Α  Ρ  Έ  Κ  Λ  Δ  Ι  Α  Τ  Ή  Ρ  Η  Σ  Η
Χ  Η  Υ  Λ  Τ  Β  Σ  Ν  Ί  Έ  Μ  Τ  Ό  Ε
Ώ  Ό  Ρ  Μ  Ο  Ά  Τ  Β  Δ  Ρ  Ο  Π  Ν  Ρ
Δ  Π  Ν  Ε  Ρ  Ό  Η  Ή  Δ  Γ  Κ  Ε  Η  Ε
Η  Ν  Ά  Ί  Ο  Γ  Μ  Π  Έ  Ι  Ρ  Ν  Σ  Υ
Σ  Δ  Η  Γ  Ί  Λ  Ο  Ε  Ω  Μ  Α  Υ  Ο  Ν
Χ  Σ  Β  Σ  Ο  Ο  Ν  Ι  Σ  Η  Σ  Ο  Χ  Η
Π  Δ  Μ  Π  Ι  Σ  Ι  Ρ  Σ  Σ  Ί  Ε  Υ  Τ
Π  Η  Λ  Η  Ω  Ά  Κ  Ο  Α  Α  Α  Ι  Τ  Ή
Ε  Κ  Δ  Ρ  Ο  Μ  Ή  Σ  Κ  Ό  Λ  Π  Ο  Σ
```

ΝΕΡΌ	ΠΆΓΟΣ
ΚΌΛΠΟ	ΝΗΣΙΆ
ΦΆΛΑΙΝΑ	ΕΡΕΥΝΗΤΉΣ
ΕΠΙΣΤΗΜΟΝΙΚΉ	ΟΡΥΚΤΆ
ΔΙΑΤΉΡΗΣΗ	ΧΕΡΣΌΝΗΣΟ
ΉΠΕΙΡΟΣ	ΠΙΓΚΟΥΊΝΟΙ
ΌΡΜΟ	ΒΡΑΧΏΔΗΣ
ΕΚΔΡΟΜΉ	ΘΕΡΜΟΚΡΑΣΊΑ

72 - Flores

```
Π  Κ  Τ  Ρ  Η  Μ  Υ  Ι  Τ  Η  Μ  Λ  Π  Τ
Π  Α  Ρ  Ε  Δ  Ί  Δ  Β  Ρ  Λ  Α  Ε  Έ  Ρ
Σ  Α  Π  Ί  Ί  Δ  Γ  Ί  Ι  Ι  Ρ  Β  Τ  Ι
Ι  Ο  Ι  Α  Ν  Η  Ω  Σ  Φ  Ο  Γ  Ά  Α  Α
Ω  Ί  Δ  Ω  Ρ  Ο  Ξ  Κ  Ύ  Τ  Α  Ν  Λ  Ν
Ί  Ξ  Έ  Ε  Ν  Ο  Σ  Ο  Λ  Ρ  Ρ  Τ  Ο  Τ
Χ  Ψ  Π  Ω  Ν  Ί  Ύ  Σ  Λ  Ό  Ί  Α  Ρ  Ά
Ι  Μ  Ρ  Ν  Β  Α  Α  Ν  Ι  Π  Τ  Β  Χ  Φ
Γ  Α  Ρ  Δ  Έ  Ν  Ι  Α  Α  Ι  Α  Ί  Ι  Υ
Η  Ν  Μ  Π  Ο  Υ  Κ  Έ  Τ  Ο  Ρ  Α  Δ  Λ
Λ  Ό  Κ  Α  Λ  Έ  Ν  Τ  Ο  Υ  Λ  Α  Έ  Λ
Ν  Λ  Π  Ι  Κ  Ρ  Α  Λ  Ί  Δ  Α  Υ  Α  Ο
Ο  Ι  Σ  Τ  Ί  Η  Ρ  Γ  Ι  Α  Σ  Ε  Μ  Ί
Δ  Α  Π  Α  Σ  Χ  Α  Λ  Ι  Ά  Α  Ψ  Ε  Ί
```

ΜΠΟΥΚΈΤΟ	ΚΡΊΝΟΣ
ΚΑΛΈΝΤΟΥΛΑ	ΜΑΝΌΛΙΑ
ΠΙΚΡΑΛΊΔΑ	ΜΑΡΓΑΡΊΤΑ
ΓΑΡΔΈΝΙΑ	ΟΡΧΙΔΈΑ
ΗΛΙΟΤΡΌΠΙΟ	ΠΑΠΑΡΟΎΝΑ
ΙΒΊΣΚΟΣ	ΠΑΙΩΝΊΑ
ΓΙΑΣΕΜΊ	ΠΈΤΑΛΟ
ΛΕΒΆΝΤΑ	ΤΡΙΑΝΤΆΦΥΛΛΟ
ΠΑΣΧΑΛΙΆ	ΤΡΙΦΎΛΛΙ

73 - Fazenda #1

```
Γ Ί Ψ Χ Ρ Α Τ Υ Χ Μ Ν Π Ε Κ
Κ Ο Ρ Ά Κ Ι Μ Η Β Υ Π Ε Φ Ο
Γ Ν Τ Μ Ρ Ά Λ Ο Γ Ο Έ Δ Ρ Τ
Ε Υ Τ Λ Ύ Ξ Ο Σ Α Ν Ό Ί Α Ό
Ω Σ Γ Χ Ζ Ψ Τ Λ Α Σ Δ Ο Κ Π
Ρ Μ Έ Λ Ι Σ Σ Α Μ Τ Ξ Β Τ Ο
Γ Α Ϊ Δ Ο Ύ Ρ Ι Ψ Έ Ω Γ Η Υ
Ί Ί Μ Ο Σ Χ Ά Ρ Ι Ρ Λ Η Σ Λ
Α Α Δ Δ Ω Έ Ω Ω Ι Ο Ί Ι Μ Ο
Γ Ά Τ Α Ε Χ Μ Ι Κ Ο Π Ά Δ Ι
Γ Ο Υ Ρ Ο Ύ Ν Ι Η Έ Α Υ Δ Ξ
Σ Κ Ύ Λ Ο Σ Ο Ε Δ Γ Σ Γ Π Τ
Τ Π Έ Έ Ί Η Λ Ψ Ε Α Μ Έ Ξ Υ
Τ Ε Μ Σ Α Γ Ε Λ Ά Δ Α Έ Μ Γ
```

ΜΈΛΙΣΣΑ	ΦΡΑΚΤΗΣ
ΓΕΩΡΓΊΑ	ΚΟΡΆΚΙ
ΡΎΖΙ	ΣΑΝΌ
ΝΕΡΌ	ΛΊΠΑΣΜΑ
ΜΟΣΧΆΡΙ	ΚΟΤΌΠΟΥΛΟ
ΓΑΪΔΟΎΡΙ	ΓΆΤΑ
ΓΊΔΑ	ΜΈΛΙ
ΠΕΔΊΟ	ΓΟΥΡΟΎΝΙ
ΆΛΟΓΟ	ΚΟΠΆΔΙ
ΣΚΎΛΟΣ	ΑΓΕΛΆΔΑ

74 - Livros

```
Σ  Λ  Ω  Ν  Μ  Δ  Ι  Χ  Υ  Ι  Έ  Σ  Σ  Μ
Ε  Ο  Δ  Σ  Μ  Υ  Π  Ο  Ί  Η  Σ  Η  Υ  Υ
Λ  Γ  Ξ  Γ  Ρ  Α  Π  Τ  Ή  Η  Ε  Π  Λ  Θ
Ί  Ο  Τ  Υ  Δ  Σ  Η  Γ  Ί  Ι  Ο  Λ  Ι
Δ  Τ  Ω  Λ  Χ  Ι  Α  Χ  Α  Σ  Ρ  Ί  Ο  Σ
Α  Ε  Ε  Π  Ι  Κ  Ή  Φ  Ε  Γ  Ά  Η  Γ  Τ
Π  Χ  Σ  Ε  Έ  Ό  Ί  Τ  Η  Τ  Α  Μ  Ή  Ό
Λ  Ν  Ω  Ι  Ί  Τ  Γ  Π  Ρ  Γ  Ι  Α  Η  Ρ
Α  Ι  Ο  Ψ  Χ  Η  Β  Π  Δ  Α  Η  Κ  Π  Η
Ί  Κ  Ψ  Ι  Σ  Τ  Ο  Ρ  Ί  Α  Γ  Τ  Ή  Μ
Σ  Ή  Ψ  Ί  Χ  Α  Γ  Ω  Δ  Ο  Ί  Ι  Ή  Α
Ι  Ε  Φ  Ε  Υ  Ρ  Ε  Τ  Ι  Κ  Ή  Η  Κ  Σ
Ο  Α  Ν  Α  Γ  Ν  Ώ  Σ  Τ  Η  Σ  Ε  Ρ  Ή
Σ  Υ  Γ  Γ  Ρ  Α  Φ  Έ  Α  Σ  Ψ  Τ  Σ  Τ
```

ΣΥΓΓΡΑΦΈΑΣ	ΛΟΓΟΤΕΧΝΙΚΉ
ΣΥΛΛΟΓΉ	ΑΦΗΓΗΤΉΣ
ΠΛΑΊΣΙΟ	ΣΕΛΊΔΑ
ΔΥΑΔΙΚΌΤΗΤΑ	ΠΟΊΗΜΑ
ΓΡΑΠΤΉ	ΠΟΊΗΣΗ
ΕΠΙΚΉ	ΣΧΕΤΙΚΉ
ΙΣΤΟΡΊΑ	ΜΥΘΙΣΤΌΡΗΜΑ
ΕΦΕΥΡΕΤΙΚΉ	ΣΕΙΡΆ
ΑΝΑΓΝΏΣΤΗΣ	ΤΡΑΓΙΚΉ

75 - Chocolate

```
Υ Ί Λ Ί Κ Κ Ξ Η Ω Δ Ί Φ Β Χ
Ι Μ Ζ Ά Χ Α Ρ Η Χ Υ Υ Ι Ι Α
Γ Λ Υ Κ Ό Ρ Ρ Ρ Π Λ Λ Σ Ο Γ
Ι Μ Δ Δ Π Ύ Ψ Α Σ Π Υ Τ Τ Α
Θ Ε Ρ Μ Ι Δ Ε Σ Μ Σ Ρ Ί Ε Π
Ι Γ Ί Ν Κ Α Ν Ε Λ Έ Η Κ Χ Η
Ά Α Ε Χ Ρ Α Ε Ψ Ξ Π Λ Ι Ν Μ
Ρ Ε Β Ύ Ή Ρ Κ Δ Λ Ο Χ Α Ι Έ
Ω Ί Μ Π Σ Μ Ξ Ά Η Ι Σ Δ Κ Ν
Μ Ψ Ί Α Ε Η Ε Γ Ο Ό Έ Ω Ή Ο
Α Π Ω Λ Ξ Σ Ε Ξ Ω Τ Ι Κ Ό Σ
Ξ Σ Κ Ό Ν Η Β Ξ Ί Η Μ Σ Μ Έ
Ν Ξ Ψ Ι Ί Ρ Ν Ό Σ Τ Ι Μ Ο Υ
Χ Ω Ψ Τ Ι Σ Υ Σ Τ Α Τ Ι Κ Ό
```

ΖΆΧΑΡΗ	ΝΌΣΤΙΜΟ
ΠΙΚΡΉ	ΓΛΥΚΌ
ΦΙΣΤΊΚΙΑ	ΕΞΩΤΙΚΌ
ΆΡΩΜΑ	ΑΓΑΠΗΜΈΝΟΣ
ΒΙΟΤΕΧΝΙΚΉ	ΓΕΎΣΗ
ΚΑΚΆΟ	ΣΥΣΤΑΤΙΚΌ
ΘΕΡΜΙΔΕΣ	ΣΚΌΝΗ
ΚΑΡΑΜΈΛΑ	ΠΟΙΌΤΗΤΑ
ΚΑΡΎΔΑ	

76 - Profissões #2

E	M	I	Y	Έ	Ω	I	A	A	Φ	O	M	Γ	A
N	Ψ	Σ	X	Ξ	Ω	A	Π	B	Ω	H	H	Λ	Σ
E	P	E	Y	N	H	T	Ή	Σ	T	Έ	X	Ω	T
Λ	Δ	Φ	Z	Ω	Γ	P	Ά	Φ	O	Σ	A	Σ	P
Λ	Ά	I	Ί	A	O	O	K	P	Γ	A	N	Σ	O
H	Σ	Λ	T	Έ	Ψ	Σ	H	H	P	Γ	I	O	N
Π	K	Ό	Ί	B	Y	T	Π	Y	Ά	P	K	Λ	A
I	A	Σ	Ί	Ί	Γ	Π	O	Ξ	Φ	O	Ό	Ό	Ύ
Λ	Λ	O	I	Σ	Ξ	Ψ	Y	A	O	T	Σ	Γ	T
O	O	Φ	N	B	H	H	P	X	Σ	H	Ί	O	H
T	Σ	O	B	I	O	Λ	Ό	Γ	O	Σ	E	Σ	Σ
I	Y	Σ	Ξ	T	Έ	H	Σ	X	Ψ	O	Y	H	M
K	M	E	I	K	O	N	O	Γ	P	Ά	Φ	O	Σ
Ή	Δ	H	M	O	Σ	I	O	Γ	P	Ά	Φ	O	Σ

ΑΓΡΟΤΗΣ
ΑΣΤΡΟΝΑΎΤΗΣ
ΒΙΟΛΌΓΟΣ
ΜΗΧΑΝΙΚΌΣ
ΦΙΛΌΣΟΦΟΣ
ΦΩΤΟΓΡΆΦΟΣ
ΕΙΚΟΝΟΓΡΆΦΟΣ
ΕΡΕΥΝΗΤΉΣ

ΚΗΠΟΥΡΌΣ
ΔΗΜΟΣΙΟΓΡΆΦΟΣ
ΓΛΩΣΣΟΛΌΓΟΣ
ΙΑΤΡΟΣ
ΠΙΛΟΤΙΚΉ
ΖΩΓΡΆΦΟΣ
ΔΆΣΚΑΛΟΣ

77 - Fazenda #2

```
Α  Ξ  Η  Έ  Ο  Κ  Ψ  Χ  Τ  Υ  Ψ  Δ  Π  Χ
Ω  Ρ  Ω  Ψ  Ρ  Γ  Ρ  Δ  Ξ  Γ  Ι  Έ  Ρ  Ή
Π  Λ  Ν  Α  Μ  Ί  Ά  Ι  Τ  Φ  Υ  Τ  Ό  Ν
Ά  Γ  Φ  Ί  Έ  Υ  Λ  Λ  Θ  Υ  Η  Δ  Β  Ε
Π  Ε  Ρ  Ι  Β  Ό  Λ  Ι  Α  Ά  Ζ  Ω  Α  Σ
Ι  Λ  Ο  Τ  Ο  Ο  Λ  Χ  Η  Έ  Ρ  Ο  Τ  Ά
Α  Ι  Ύ  Ρ  Σ  Κ  Υ  Ψ  Έ  Λ  Η  Ι  Ο  Ρ
Ψ  Β  Τ  Α  Κ  Α  Λ  Α  Μ  Π  Ό  Κ  Ι  Δ
Λ  Ά  Ο  Κ  Ό  Α  Χ  Υ  Ρ  Ώ  Ν  Α  Ί  Ε
Ά  Δ  Ί  Τ  Σ  Α  Γ  Ρ  Ο  Τ  Η  Σ  Ν  Υ
Μ  Ι  Μ  Έ  Έ  Σ  Ι  Τ  Ά  Ρ  Ι  Λ  Ε  Σ
Α  Ω  Ρ  Ρ  Ξ  Β  Ξ  Β  Ν  Μ  Β  Ρ  Ο  Η
Έ  Χ  Α  Λ  Έ  Ι  Ω  Γ  Δ  Μ  Α  Α  Έ  Τ
Μ  Ί  Β  Σ  Γ  Υ  Γ  Υ  Ί  Ε  Υ  Λ  Ι  Λ
```

ΑΓΡΟΤΗΣ	ΛΆΜΑ
ΖΏΑ	ΚΑΛΑΜΠΌΚΙ
ΑΧΥΡΏΝΑ	ΠΡΌΒΑΤΟ
ΚΡΙΘΆΡΙ	ΒΟΣΚΌΣ
ΚΥΨΈΛΗ	ΠΆΠΙΑ
ΑΡΝΊ	ΠΕΡΙΒΌΛΙ
ΦΡΟΎΤΟ	ΛΙΒΆΔΙ
ΧΉΝΕΣ	ΤΡΑΚΤΈΡ
ΆΡΔΕΥΣΗ	ΣΙΤΆΡΙ
ΓΆΛΑ	ΦΥΤΌ

78 - Jardim

```
Τ  Ω  Ψ  Α  Β  Γ  Ρ  Α  Σ  Ί  Δ  Ι  Λ  Τ
Φ  Υ  Ψ  Ξ  Έ  Ε  Κ  Ή  Π  Ο  Σ  Μ  Ο  Ρ
Τ  Σ  Ο  Υ  Γ  Κ  Ρ  Ά  Ν  Α  Ί  Μ  Υ  Α
Υ  Ζ  Α  Ψ  Η  Α  Ρ  Ά  Τ  Γ  Λ  Δ  Λ  Μ
Ά  Ν  Ι  Ι  Χ  Ν  Ο  Λ  Ν  Ρ  Φ  Έ  Ο  Π
Ρ  Τ  Ί  Ζ  Ώ  Β  Α  Ο  Π  Τ  Ρ  Ν  Ύ  Ο
Ι  Δ  Τ  Η  Ά  Ρ  Ε  Ε  Α  Ξ  Α  Τ  Δ  Λ
Σ  Σ  Ω  Λ  Ή  Ν  Α  Γ  Γ  Ω  Κ  Ρ  Ι  Ί
Μ  Υ  Ί  Ί  Τ  Έ  Ι  Κ  Κ  Π  Τ  Ο  Α  Ν
Π  Ν  Ί  Μ  Δ  Ε  Ο  Α  Ά  Η  Η  Β  Μ  Ο
Α  Ρ  Ν  Ν  Ξ  Ο  Α  Ζ  Κ  Χ  Σ  Ξ  Π  Α
Τ  Υ  Τ  Η  Ι  Ε  Α  Ό  Ι  Τ  Ψ  Σ  Έ  Λ
Η  Γ  Κ  Α  Ρ  Ά  Ζ  Ν  Α  Ρ  Ί  Ν  Λ  Β
Τ  Ε  Χ  Ε  Χ  Π  Ε  Ρ  Ι  Β  Ό  Λ  Ι  Δ
```

ΤΣΟΥΓΚΡΆΝΑ	ΚΉΠΟΣ
ΔΈΝΤΡΟ	ΛΊΜΝΗ
ΠΑΓΚΆΚΙ	ΑΙΏΡΑ
ΦΡΑΚΤΗΣ	ΣΩΛΉΝΑ
ΖΙΖΆΝΙΑ	ΦΤΥΆΡΙ
ΛΟΥΛΟΎΔΙ	ΠΕΡΙΒΌΛΙ
ΓΚΑΡΆΖ	ΤΡΑΜΠΟΛΊΝΟ
ΓΡΑΣΊΔΙ	ΒΕΡΆΝΤΑ
ΓΚΑΖΌΝ	ΑΜΠΈΛΙ

79 - Oceano

```
Φ  Μ  Έ  Δ  Ο  Υ  Σ  Ε  Σ  Ί  Ρ  Ψ  Π  Σ
Κ  Ά  Σ  Φ  Ο  Υ  Γ  Γ  Ά  Ρ  Ι  Ά  Τ  Τ
Ν  Α  Λ  Β  Ά  Ρ  Κ  Α  Μ  Ω  Γ  Ρ  Β  Ρ
Π  Ε  Τ  Α  Κ  Α  Β  Ο  Ύ  Ρ  Ι  Ι  Σ  Ε
Μ  Σ  Ψ  Α  Ι  Δ  Έ  Β  Ι  Ί  Σ  Μ  Γ  Ί
Η  Γ  Τ  Ω  Ι  Ν  Χ  Έ  Η  Χ  Ξ  Γ  Π  Δ
Κ  Ξ  Έ  Ρ  Α  Γ  Α  Ρ  Ί  Δ  Α  Ρ  Σ  Ι
Ύ  Ο  Χ  Έ  Λ  Ι  Ί  Τ  Ό  Ν  Ο  Σ  Σ  Υ
Μ  Α  Ρ  Ν  Π  Μ  Ν  Δ  Ε  Λ  Φ  Ί  Ν  Ι
Α  Λ  Ε  Ά  Χ  Ρ  Χ  Τ  Α  Π  Ό  Δ  Ι  Ν
Τ  Ά  Χ  Ε  Λ  Ώ  Ν  Α  Υ  Η  Η  Α  Σ  Ο
Α  Τ  Ω  Μ  Μ  Λ  Π  Ο  Σ  Ψ  Η  Π  Μ  Ο
Μ  Ι  Ψ  Β  Ί  Ω  Ι  Ρ  Β  Λ  Δ  Σ  Λ  Μ
Π  Α  Λ  Ί  Ρ  Ρ  Ο  Ι  Α  Ί  Υ  Έ  Τ  Δ
```

ΤΌΝΟΣ	ΜΈΔΟΥΣΕΣ
ΦΆΛΑΙΝΑ	ΚΎΜΑΤΑ
ΒΆΡΚΑ	ΣΤΡΕΊΔΙ
ΓΑΡΊΔΑ	ΨΆΡΙ
ΚΑΒΟΎΡΙ	ΧΤΑΠΌΔΙ
ΚΟΡΆΛΛΙ	ΞΈΡΑ
ΧΈΛΙ	ΑΛΆΤΙ
ΣΦΟΥΓΓΆΡΙ	ΧΕΛΏΝΑ
ΔΕΛΦΊΝΙ	ΚΑΤΑΙΓΊΔΑ
ΠΑΛΊΡΡΟΙΑ	

80 - Profissões #1

```
Α  Ι  Ι  Λ  Π  Κ  Υ  Ν  Η  Γ  Ό  Σ  Ε  Κ
Μ  Σ  Ψ  Υ  Δ  Ρ  Α  Υ  Λ  Ι  Κ  Ό  Σ  Α
Ο  Ψ  Τ  Τ  Χ  Γ  Έ  Ε  Μ  Ξ  Μ  Π  Χ  Λ
Υ  Ε  Λ  Ρ  Ρ  Ξ  Ί  Σ  Η  Σ  Γ  Υ  Π  Λ
Σ  Χ  Έ  Ξ  Ο  Ξ  Ι  Ε  Β  Υ  Χ  Ρ  Ι  Ι
Ι  Π  Γ  Δ  Χ  Ν  Α  Ύ  Τ  Η  Σ  Ο  Α  Τ
Κ  Δ  Ι  Κ  Η  Γ  Ό  Ρ  Ο  Σ  Σ  Σ  Ν  Έ
Ό  Ν  Ο  Σ  Ο  Κ  Ό  Μ  Α  Ο  Έ  Β  Ι  Χ
Σ  Ψ  Υ  Χ  Ο  Λ  Ό  Γ  Ο  Σ  Ψ  Έ  Σ  Ν
Ω  Δ  Γ  Ε  Ω  Λ  Ό  Γ  Ο  Σ  Ω  Σ  Τ  Η
Τ  Ρ  Α  Π  Ε  Ζ  Ί  Τ  Η  Σ  Η  Τ  Α  Σ
Ε  Π  Ε  Ξ  Ε  Ρ  Γ  Α  Σ  Ί  Α  Η  Σ  Δ
Χ  Α  Ρ  Τ  Ο  Γ  Ρ  Ά  Φ  Ο  Σ  Σ  Π  Α
Ε  Π  Ι  Σ  Τ  Ή  Μ  Ο  Ν  Α  Σ  Η  Σ  Ν
```

ΔΙΚΗΓΌΡΟΣ	ΠΡΈΣΒΗΣ
ΚΑΛΛΙΤΈΧΝΗΣ	ΥΔΡΑΥΛΙΚΌΣ
ΑΣΤΡΟΝΌΜΟΣ	ΝΟΣΟΚΌΜΑ
ΤΡΑΠΕΖΊΤΗΣ	ΓΕΩΛΌΓΟΣ
ΠΥΡΟΣΒΈΣΤΗΣ	ΝΑΎΤΗΣ
ΚΥΝΗΓΌΣ	ΜΟΥΣΙΚΌΣ
ΧΑΡΤΟΓΡΆΦΟΣ	ΠΙΑΝΊΣΤΑΣ
ΕΠΙΣΤΉΜΟΝΑΣ	ΨΥΧΟΛΌΓΟΣ
ΕΠΕΞΕΡΓΑΣΊΑ	

81 - Campeonato

```
Τ  Σ  Τ  Ρ  Α  Τ  Η  Γ  Ι  Κ  Ή  Μ  Α  Ψ
Π  Ο  Ν  Β  Ξ  Ψ  Ω  Ε  Δ  Δ  Ε  Ε  Θ  Α
Ρ  Π  Υ  Ρ  Φ  Π  Υ  Ό  Ι  Σ  Σ  Τ  Λ  Π
Ο  Ρ  Χ  Ρ  Ι  Χ  Τ  Τ  Κ  Ξ  Η  Ά  Η  Ό
Π  Ω  Έ  Ψ  Ν  Τ  Μ  Α  Α  Ρ  Ι  Λ  Τ  Δ
Ο  Τ  Ε  Υ  Α  Ο  Ι  Γ  Σ  Ν  Ξ  Λ  Ι  Ο
Ν  Ά  Ξ  Ο  Λ  Γ  Υ  Μ  Τ  Ρ  Τ  Ι  Κ  Σ
Η  Θ  Ρ  Ν  Ί  Ν  Β  Ά  Ή  Ο  Ρ  Ο  Ή  Η
Τ  Λ  Χ  Ρ  Σ  Π  Έ  Ι  Σ  Δ  Ξ  Ι  Χ  Ρ
Ή  Η  Ο  Έ  Τ  Έ  Λ  Ν  Ν  Ί  Κ  Η  Χ  Ή
Σ  Μ  Π  Β  Χ  Ξ  Η  Γ  Ω  Ψ  Ψ  Ξ  Λ  Χ
Β  Α  Ο  Μ  Ά  Δ  Α  Ί  Ι  Σ  Ο  Α  Ψ  Ε
Κ  Ί  Ν  Η  Τ  Ρ  Ο  Ί  Τ  Ί  Η  Β  Η  Ί
Ψ  Η  Ο  Π  Α  Ι  Χ  Ν  Ί  Δ  Ι  Α  Γ  Η
```

ΠΡΩΤΆΘΛΗΜΑ	ΈΝΩΣΗ
ΑΠΌΔΟΣΗ	ΜΕΤΆΛΛΙΟ
ΟΜΆΔΑ	ΚΊΝΗΤΡΟ
ΑΘΛΗΤΙΚΉ	ΑΝΤΟΧΉ
ΣΤΡΑΤΗΓΙΚΉ	ΤΟΥΡΝΟΥΆ
ΦΙΝΑΛΊΣΤ	ΠΡΟΠΟΝΗΤΉΣ
ΠΑΙΧΝΊΔΙΑ	ΝΊΚΗ
ΔΙΚΑΣΤΉΣ	

82 - Castelos

```
Φ  Ε  Ο  Υ  Δ  Α  Ρ  Χ  Ι  Κ  Ή  Ψ  Ψ  Δ
Π  Α  Ν  Ο  Π  Λ  Ί  Α  Π  Ρ  Α  Ν  Β  Υ
Ύ  Τ  Π  Ρ  Ι  Γ  Κ  Ί  Π  Ι  Σ  Σ  Α  Ν
Ρ  Ο  Π  Α  Λ  Ά  Τ  Ι  Ό  Σ  Β  Φ  Σ  Α
Γ  Ί  Α  Σ  Π  Α  Θ  Ί  Τ  Χ  Ω  Ρ  Ί  Σ
Ο  Χ  Β  Π  Π  Ρ  Έ  Ι  Η  Ά  Ξ  Ο  Λ  Τ
Σ  Ο  Α  Ί  Έ  Σ  Ί  Ξ  Σ  Υ  Φ  Ύ  Ε  Ε
Ε  Σ  Ψ  Δ  Γ  Ρ  Β  Γ  Ψ  Μ  Ι  Ρ  Ι  Ί
Υ  Υ  Ψ  Α  Η  Έ  Η  Ί  Κ  Σ  Ψ  Ι  Ο  Α
Ξ  Η  Γ  Δ  Ρ  Ά  Κ  Ο  Σ  Ι  Τ  Ο  Έ  Σ
Ρ  Γ  Δ  Ε  Χ  Ω  Ι  Β  Υ  Ι  Π  Ξ  Ί  Ρ
Τ  Ι  Τ  Ε  Ν  Ι  Ί  Ε  Π  Α  Έ  Α  Υ  Π
Π  Σ  Ι  Χ  Ί  Ή  Β  Ω  Έ  Ο  Μ  Έ  Σ  Μ
Ά  Λ  Ο  Γ  Ο  Ψ  Σ  Τ  Έ  Μ  Μ  Α  Υ  Α
```

ΠΑΝΟΠΛΊΑ	ΦΡΟΎΡΙΟ
ΙΠΠΌΤΗΣ	ΤΆΦΡΟΣ
ΆΛΟΓΟ	ΕΥΓΕΝΉΣ
ΣΤΈΜΜΑ	ΠΑΛΆΤΙ
ΔΥΝΑΣΤΕΊΑ	ΤΟΊΧΟΣ
ΔΡΆΚΟΣ	ΠΡΙΓΚΊΠΙΣΣΑ
ΑΣΠΊΔΑ	ΠΡΊΓΚΙΠΑΣ
ΣΠΑΘΊ	ΒΑΣΊΛΕΙΟ
ΦΕΟΥΔΑΡΧΙΚΉ	ΠΎΡΓΟΣ

83 - Escola # 2

```
Γ  Ε  Μ  Λ  Ω  Τ  Υ  Β  Τ  Ρ  Ρ  Ε  Γ  Λ
Ρ  Π  Α  Λ  Χ  Ο  Π  Υ  Λ  Ο  Ε  Σ  Ε  Ο
Α  Ι  Θ  Μ  Β  Ψ  Ο  Η  Ι  Μ  Χ  Α  Β  Γ
Μ  Σ  Η  Β  Ι  Β  Λ  Ι  Ο  Θ  Ή  Κ  Η  Ο
Μ  Τ  Μ  Σ  Β  Ι  Ο  Λ  Ι  Ί  Τ  Ί  Λ  Τ
Α  Ή  Α  Χ  Λ  Ψ  Γ  Γ  Ε  Ν  Ε  Δ  Ί  Ε
Τ  Μ  Τ  Η  Ι  Τ  Ι  Ρ  Γ  Ξ  Μ  Ι  Έ  Χ
Ι  Η  Ι  Χ  Α  Ο  Σ  Μ  Μ  Β  Ι  Ο  Δ  Ν
Κ  Γ  Κ  Χ  Α  Ρ  Τ  Ί  Ω  Λ  Ρ  Κ  Έ  Ί
Ή  Π  Ά  Ο  Ε  Μ  Ή  Φ  Ί  Λ  Ο  Ι  Ό  Α
Χ  Π  Λ  Ψ  Α  Ν  Ά  Γ  Ν  Ω  Σ  Η  Μ  Μ
Δ  Ά  Σ  Κ  Α  Λ  Ο  Σ  Π  Α  Ρ  Ο  Χ  Ή
Ο  Η  Μ  Ο  Λ  Ύ  Β  Ι  Ψ  Α  Λ  Ί  Δ  Ι
Η  Μ  Ε  Ρ  Ο  Λ  Ό  Γ  Ι  Ο  Ξ  Α  Π  Π
```

ΦΊΛΟΙ
ΒΙΒΛΙΟΘΉΚΗ
ΗΜΕΡΟΛΌΓΙΟ
ΕΠΙΣΤΉΜΗ
ΥΠΟΛΟΓΙΣΤΉ
ΛΕΞΙΚΌ
ΓΡΑΜΜΑΤΙΚΉ
ΜΟΛΎΒΙ
ΑΝΆΓΝΩΣΗ

ΛΟΓΟΤΕΧΝΊΑ
ΒΙΒΛΊΑ
ΜΑΘΗΜΑΤΙΚΆ
ΣΑΚΊΔΙΟ
ΧΑΡΤΊ
ΔΆΣΚΑΛΟΣ
ΠΑΡΟΧΉ
ΨΑΛΊΔΙ

84 - Abelhas

```
Φ  Β  Υ  Ε  Ξ  Φ  Έ  Κ  Ν  Β  Τ  Π  Π  Έ
Κ  Ρ  Π  Π  Ξ  Υ  Ν  Χ  Υ  Ο  Λ  Λ  Η  Ε
Α  Β  Ο  Ν  Ξ  Τ  Τ  Π  Α  Ψ  Υ  Η  Υ  Σ
Π  Α  Ι  Ύ  Ο  Ά  Ο  Μ  Π  Ρ  Έ  Ι  Λ  Α
Ν  Σ  Κ  Ρ  Τ  Ι  Μ  Γ  Λ  Ω  Ξ  Λ  Ρ  Μ
Ί  Ί  Ι  Ψ  Ν  Ο  Ο  Μ  Ύ  Μ  Λ  Ψ  Η  Έ
Ζ  Λ  Λ  Φ  Τ  Ε  Ρ  Ά  Ι  Ρ  Δ  Λ  Δ  Λ
Ο  Ι  Ί  Ά  Ν  Θ  Ο  Σ  Β  Τ  Η  Ί  Ο  Ι
Υ  Σ  Α  Ε  Υ  Ε  Ρ  Γ  Ε  Τ  Ι  Κ  Ή  Σ
Ν  Σ  Ο  Ι  Κ  Ο  Σ  Ύ  Σ  Τ  Η  Μ  Α  Μ
Ν  Α  Ή  Λ  Ι  Ο  Σ  Δ  Ν  Δ  Κ  Η  Σ  Ή
Λ  Ο  Υ  Λ  Ο  Ύ  Δ  Ι  Α  Η  Ε  Ξ  Έ  Ν
Δ  Ι  Β  Γ  Υ  Ό  Μ  Ω  Ξ  Μ  Ρ  Γ  Χ  Ο
Ε  Κ  Ή  Π  Ο  Σ  Ρ  Υ  Λ  Ε  Ί  Γ  Σ  Σ
```

ΦΤΕΡΆ	ΦΡΟΎΤΟ
ΕΥΕΡΓΕΤΙΚΉ	ΚΑΠΝΊΖΟΥΝ
ΚΕΡΊ	ΈΝΤΟΜΟ
ΚΥΨΈΛΗ	ΚΉΠΟΣ
ΠΟΙΚΙΛΊΑ	ΜΈΛΙ
ΟΙΚΟΣΎΣΤΗΜΑ	ΦΥΤΆ
ΣΜΉΝΟΣ	ΓΎΡΗ
ΆΝΘΟΣ	ΒΑΣΊΛΙΣΣΑ
ΛΟΥΛΟΎΔΙΑ	ΉΛΙΟΣ

85 - Banheiro

Ά	Ο	Ω	Χ	Ι	Λ	Δ	Ο	Γ	Μ	Χ	Α	Ω	Β
Ν	Ρ	Ρ	Γ	Φ	Ο	Π	Ε	Τ	Σ	Έ	Τ	Α	Ρ
Ν	Ε	Ω	Σ	Υ	Τ	Ο	Υ	Α	Λ	Έ	Τ	Α	Ύ
Τ	Έ	Ρ	Μ	Σ	Φ	Ο	Υ	Γ	Γ	Ά	Ρ	Ι	Σ
Ο	Α	Ν	Ό	Α	Α	Γ	Ε	Έ	Δ	Σ	Κ	Σ	Η
Υ	Ξ	Τ	Έ	Λ	Χ	Τ	Ρ	Ε	Ξ	Α	Α	Α	Ι
Σ	Μ	Β	Δ	Ϊ	Λ	Α	Μ	Έ	Υ	Π	Θ	Μ	Ι
Χ	Α	Λ	Ϊ	Δ	Ψ	Τ	Π	Ο	Λ	Ο	Ρ	Π	Μ
Ξ	Ψ	Ο	Α	Α	Α	Η	Ά	Ρ	Ύ	Ύ	Ε	Ο	Η
Ε	Ο	Σ	Β	Ϊ	Λ	Χ	Ν	Γ	Π	Ν	Φ	Υ	Υ
Ξ	Ψ	Ι	Ρ	Ρ	Ϊ	Μ	Ι	Ε	Ξ	Ι	Τ	Ά	Ν
Π	Υ	Ό	Ν	Δ	Δ	Β	Ο	Γ	Μ	Ρ	Η	Ν	Υ
Τ	Ό	Ν	Τ	Λ	Ι	Ι	Υ	Ω	Ψ	Π	Σ	Β	Λ
Μ	Β	Χ	Ρ	Ο	Α	Τ	Ρ	Ϊ	Τ	Έ	Μ	Π	Γ

ΝΕΡΌ	ΆΡΩΜΑ
ΤΟΥΑΛΈΤΑ	ΣΑΠΟΎΝΙ
ΜΠΆΝΙΟ	ΧΑΛΊ
ΦΥΣΑΛΊΔΑ	ΨΑΛΊΔΙ
ΝΤΟΥΣ	ΠΕΤΣΈΤΑ
ΚΑΘΡΕΦΤΗΣ	ΒΡΎΣΗ
ΣΦΟΥΓΓΆΡΙ	ΑΤΜΟΎ
ΛΟΣΙΌΝ	ΣΑΜΠΟΥΆΝ

86 - Ciência

```
Μ  Ω  Ξ  Χ  Δ  Ο  Χ  Δ  Χ  Ε  Β  Π  Ω  Υ
Ν  Ό  Α  Μ  Ν  Ω  Ξ  Ε  Η  Π  Α  Α  Ο  Π
Χ  Ο  Ρ  Υ  Κ  Τ  Ά  Δ  Μ  Ι  Ρ  Ρ  Μ  Ό
Γ  Τ  Γ  Ι  Ί  Α  Ι  Ο  Ι  Σ  Ύ  Α  Α  Θ
Ι  Μ  Ψ  Ί  Α  Ι  Η  Μ  Κ  Τ  Τ  Τ  Π  Ε
Μ  Μ  Ξ  Β  Ι  Ξ  Ν  Έ  Ή  Ή  Η  Ή  Ο  Σ
Κ  Λ  Ί  Μ  Α  Φ  Ρ  Ν  Ψ  Μ  Τ  Ρ  Λ  Η
Χ  Ε  Β  Ξ  Π  Ύ  Λ  Α  Π  Ο  Α  Η  Ί  Μ
Ν  Ε  Ξ  Φ  Υ  Σ  Ι  Κ  Ή  Ν  Ά  Σ  Θ  Έ
Φ  Υ  Τ  Ά  Λ  Η  Τ  Τ  Π  Α  Τ  Η  Ω  Θ
Σ  Ρ  Η  Γ  Ε  Γ  Ο  Ν  Ό  Σ  Ο  Δ  Μ  Ο
Ο  Ρ  Γ  Α  Ν  Ι  Σ  Μ  Ό  Σ  Μ  Ί  Α  Δ
Ε  Ξ  Έ  Λ  Ι  Ξ  Η  Ο  Μ  Ι  Ο  Ξ  Π  Ο
Σ  Ω  Μ  Α  Τ  Ί  Δ  Ι  Α  Ψ  Ρ  Υ  Ν  Σ
```

ΆΤΟΜΟ	ΜΈΘΟΔΟΣ
ΕΠΙΣΤΉΜΟΝΑΣ	ΟΡΥΚΤΆ
ΚΛΊΜΑ	ΜΌΡΙΑ
ΔΕΔΟΜΈΝΑ	ΦΎΣΗ
ΕΞΈΛΙΞΗ	ΠΑΡΑΤΉΡΗΣΗ
ΓΕΓΟΝΌΣ	ΟΡΓΑΝΙΣΜΌΣ
ΦΥΣΙΚΉ	ΣΩΜΑΤΊΔΙΑ
ΑΠΟΛΊΘΩΜΑ	ΦΥΤΆ
ΒΑΡΎΤΗΤΑ	ΧΗΜΙΚΉ
ΥΠΌΘΕΣΗ	

87 - Cores

```
Υ  Ί  Ο  Ε  Σ  Φ  Ο  Ύ  Ξ  Ι  Α  Π  Β  Λ
Ε  Ω  Δ  Ω  Σ  Έ  Π  Ι  Α  Ω  Ί  Ρ  Ε  Ε
Ρ  Ο  Γ  Ξ  Μ  Π  Ε  Ζ  Γ  Γ  Χ  Ά  Ο  Υ
Γ  Έ  Τ  Χ  Π  Ψ  Π  Β  Τ  Υ  Π  Σ  Λ  Κ
Κ  Ί  Τ  Ρ  Ι  Ν  Ο  Ι  Ι  Η  Ε  Ι  Κ  Ό
Ρ  Λ  Ρ  Β  Ί  Ο  Ρ  Ο  Γ  Ί  Ρ  Ν  Ό  Ε
Ι  Χ  Α  Ο  Σ  Β  Τ  Λ  Ρ  Κ  Υ  Ο  Κ  Ί
Μ  Κ  Α  Φ  Έ  Χ  Ο  Ε  Ο  Β  Υ  Δ  Κ  Λ
Ο  Π  Μ  Ρ  Ξ  Ε  Κ  Τ  Ζ  Ξ  Σ  Α  Ι  Π
Μ  Ψ  Λ  Α  Β  Σ  Ά  Ί  Ί  Ψ  Τ  Ο  Ν  Ω
Δ  Υ  Ι  Ε  Ύ  Δ  Λ  Υ  Β  Α  Τ  Α  Ο  Ό
Ρ  Η  Τ  Ν  Α  Ρ  Ι  Ψ  Ι  Η  Π  Ξ  Έ  Α
Ρ  Ψ  Μ  Ο  Β  Ν  Ο  Α  Μ  Ι  Ω  Γ  Ν  Λ
Ξ  Ξ  Υ  Ί  Έ  Ι  Δ  Ρ  Δ  Ω  Ψ  Π  Λ  Ξ
```

ΚΊΤΡΙΝΟ	ΚΑΦΈ
ΜΠΛΕ	ΜΑΎΡΟ
ΜΠΕΖ	ΡΟΖ
ΛΕΥΚΌ	ΜΟΒ
ΚΥΑΝΌ	ΣΈΠΙΑ
ΓΚΡΙ	ΠΡΆΣΙΝΟ
ΦΟΎΞΙΑ	ΚΌΚΚΙΝΟ
ΠΟΡΤΟΚΆΛΙ	ΒΙΟΛΕΤΊ

88 - Comida #1

```
Κ Ί Ρ Ο Ε Ο Ω Μ Μ Χ Γ Χ Ί Φ
Α Α Π Ι Ρ Ψ Ρ Ω Ν Ο Α Η Ρ Ρ
Ρ Λ Μ Υ Ζ Γ Ά Λ Α Σ Ν Π Μ Ά
Ό Ί Ά Δ Ο Ά Ο Σ Α Λ Ά Τ Α Ο
Τ Τ Χ Τ Δ Ι Χ Γ Ν Η Ρ Ε Σ Υ
Ο Μ Ω Ι Ι Π Γ Α Γ Β Σ Ν Κ Λ
Σ Π Α Ν Ά Κ Ι Σ Ρ Ύ Ξ Ψ Ό Α
Χ Υ Μ Ό Σ Έ Δ Ρ Γ Η Λ Φ Ρ Κ
Λ Ε Μ Ό Ν Ι Ο Έ Ε Κ Τ Ι Δ Ρ
Σ Έ Υ Λ Ω Κ Ι Υ Σ Α Ό Σ Ο Ι
Β Ε Ρ Ί Κ Ο Κ Ο Ο Ν Ν Τ Χ Θ
Β Α Σ Ι Λ Ι Κ Ο Ύ Έ Ο Ί Ρ Ά
Κ Ρ Ε Μ Μ Ύ Δ Ι Π Λ Σ Κ Ξ Ρ
Ψ Η Υ Ι Υ Λ Λ Η Α Α Α Ι Ω Ι
```

ΖΆΧΑΡΗ	ΣΠΑΝΆΚΙ
ΣΚΌΡΔΟ	ΓΆΛΑ
ΦΙΣΤΊΚΙ	ΛΕΜΌΝΙ
ΤΌΝΟΣ	ΒΑΣΙΛΙΚΟΎ
ΚΈΙΚ	ΦΡΆΟΥΛΑ
ΚΑΝΈΛΑ	ΓΟΓΓΎΛΙ
ΚΡΕΜΜΎΔΙ	ΑΛΆΤΙ
ΚΑΡΌΤΟ	ΣΑΛΆΤΑ
ΚΡΙΘΆΡΙ	ΣΟΎΠΑ
ΒΕΡΊΚΟΚΟ	ΧΥΜΌΣ

89 - Pássaros

```
Κ  Ε  Σ  Λ  Ε  Ε  Κ  Π  Α  Γ  Ώ  Ν  Ι  Υ
Π  Α  Ε  Τ  Ό  Σ  Ύ  Ε  Ρ  Ω  Δ  Ι  Ο  Σ
Φ  Ε  Ν  Μ  Σ  Ξ  Κ  Λ  Ω  Ρ  Μ  Γ  Ψ  Ί
Λ  Π  Λ  Α  Ξ  Τ  Ν  Ε  Ο  Ί  Ν  Τ  Ρ  Γ
Α  Ά  Ε  Α  Ρ  Ψ  Ο  Κ  Ω  Ι  Ί  Ρ  Π  Ε
Μ  Π  Σ  Ρ  Ρ  Ί  Σ  Α  Σ  Χ  Υ  Μ  Ι  Γ
Ί  Ι  Π  Λ  Ι  Γ  Ν  Ν  Λ  Λ  Γ  Μ  Γ  Ί
Ν  Α  Ο  Γ  Δ  Σ  Ό  Ι  Γ  Ε  Ρ  Ά  Κ  Ι
Γ  Υ  Υ  Ν  Ω  Ξ  Τ  Σ  Ξ  Ί  Ν  Κ  Ο  Η
Κ  Γ  Ρ  Χ  Ή  Ν  Α  Έ  Ί  Ο  Ί  Ο  Υ  Η
Ο  Ό  Γ  Λ  Ά  Ρ  Ο  Σ  Ρ  Λ  Μ  Ύ  Ί  Γ
Χ  Α  Ί  Τ  Ο  Υ  Κ  Ά  Ν  Ι  Β  Κ  Ν  Η
Ρ  Ι  Τ  Κ  Ο  Τ  Ό  Π  Ο  Υ  Λ  Ο  Ο  Ο
Ψ  Ι  Ι  Π  Α  Π  Α  Γ  Ά  Λ  Ο  Σ  Σ  Ι
```

ΑΕΤΌΣ	ΕΡΩΔΙΟΣ
ΚΑΝΑΡΊΝΙ	ΑΥΓΌ
ΠΕΛΑΡΓΌΣ	ΠΑΠΑΓΆΛΟΣ
ΚΎΚΝΟΣ	ΣΠΟΥΡΓΊΤΙ
ΚΟΎΚΟΣ	ΠΆΠΙΑ
ΓΕΡΆΚΙ	ΠΑΓΏΝΙ
ΦΛΑΜΊΝΓΚΟ	ΠΕΛΕΚΑΝ
ΚΟΤΌΠΟΥΛΟ	ΠΙΓΚΟΥΪΝΟΣ
ΓΛΆΡΟΣ	ΠΕΡΙΣΤΈΡΙ
ΧΉΝΑ	ΤΟΥΚΆΝ

90 - Literatura

```
Μ Π Ο Ι Η Τ Ι Κ Ή Τ Μ Δ Μ Α
Π Ε Ρ Ι Γ Ρ Α Φ Ή Δ Λ Η Υ Ν
Ξ Η Τ Χ Ν Π Ί Έ Ρ Γ Ν Μ Θ Έ
Ω Ψ Λ Α Ν Α Λ Ο Γ Ί Α Ξ Ι Κ
Θ Έ Μ Α Φ Α Ν Τ Α Σ Ί Α Σ Δ
Λ Ε Ι Η Ξ Ο Γ Ν Ώ Μ Η Φ Τ Ο
Τ Σ Υ Μ Π Έ Ρ Α Σ Μ Α Η Ό Τ
Ρ Ύ Σ Τ Υ Λ Υ Ά Η Υ Ν Γ Ρ Ο
Α Γ Η Υ Ψ Ο Θ Ε Δ Ε Ά Η Η Η
Γ Κ Ο Έ Λ Γ Μ Π Γ Σ Λ Τ Μ Ψ
Ω Ρ Δ Ι Ά Λ Ο Γ Ο Σ Υ Ή Α Λ
Δ Ι Β Π Λ Ξ Ύ Ω Δ Τ Σ Σ Ι Ν
Ί Σ Π Ο Ί Η Μ Α Έ Ι Η Υ Ί Υ
Α Η Β Ι Ο Γ Ρ Α Φ Ί Α Ξ Ω Σ
```

ΑΝΑΛΟΓΊΑ
ΑΝΆΛΥΣΗ
ΑΝΈΚΔΟΤΟ
ΒΙΟΓΡΑΦΊΑ
ΣΎΓΚΡΙΣΗ
ΣΥΜΠΈΡΑΣΜΑ
ΠΕΡΙΓΡΑΦΉ
ΔΙΆΛΟΓΟΣ
ΣΤΥΛ
ΦΑΝΤΑΣΊΑ

ΜΕΤΑΦΟΡΆ
ΑΦΗΓΗΤΉΣ
ΓΝΏΜΗ
ΠΟΊΗΜΑ
ΠΟΙΗΤΙΚΉ
ΡΥΘΜΟΎ
ΜΥΘΙΣΤΌΡΗΜΑ
ΘΈΜΑ
ΤΡΑΓΩΔΊΑ

91 - Clima

```
Γ Π Ο Μ Ί Χ Λ Η Σ Κ Η Ο Τ Π
Π Ο Ά Υ Υ Υ Ί Α Ύ Α Ρ Υ Ρ Ο
Λ Λ Μ Γ Έ Ψ Κ Τ Ν Τ Ε Ρ Ο Β
Γ Ι Ξ Ω Ο Μ Λ Μ Ν Α Μ Α Π Σ
Ξ Κ Α Έ Ω Σ Ί Ό Ε Ι Ί Ν Ι Δ
Ξ Ή Σ Υ Τ Έ Μ Σ Φ Γ Α Ό Κ Ο
Η Η Τ Ο Ο Ξ Α Φ Ο Ί Ί Σ Ή Ξ
Ρ Β Ρ Ο Ν Τ Ή Α Ι Δ Έ Ψ Ψ Η
Α Υ Α Ό Ν Μ Β Ι Έ Α Π Ί Έ Π
Σ Δ Π Χ Ι Ο Υ Ρ Ι Κ Α Ν Α Σ
Ί Δ Ή Τ Ε Ξ Ξ Α Ά Ν Ε Μ Ο Σ
Α Ε Ρ Ά Κ Ι Μ Ο Υ Σ Ώ Ν Α Σ
Ψ Η Λ Ο Υ Ρ Ά Ν Ι Ο Τ Ό Ξ Ο
Θ Ε Ρ Μ Ο Κ Ρ Α Σ Ί Α Π Γ Ο
```

ΟΥΡΆΝΙΟ ΤΌΞΟ	ΣΎΝΝΕΦΟ
ΑΤΜΌΣΦΑΙΡΑ	ΠΟΛΙΚΉ
ΑΕΡΆΚΙ	ΑΣΤΡΑΠΉ
ΗΡΕΜΊΑ	ΞΗΡΑΣΊΑ
ΟΥΡΑΝΌΣ	ΞΗΡΌ
ΚΛΊΜΑ	ΘΕΡΜΟΚΡΑΣΊΑ
ΧΙΟΥΡΙΚΑΝΑΣ	ΚΑΤΑΙΓΊΔΑ
ΠΆΓΟΣ	ΤΡΟΠΙΚΉ
ΜΟΥΣΏΝΑΣ	ΒΡΟΝΤΉ
ΟΜΊΧΛΗ	ΆΝΕΜΟΣ

92 - Tecnologia

```
Π  Έ  Ρ  Ε  Υ  Ν  Α  Σ  Μ  Μ  Ί  Μ  Α  Λ
Ι  Ε  Ε  Ι  Κ  Ο  Ν  Ι  Κ  Ή  Ξ  Ξ  Ρ  Ο
Ψ  Δ  Ρ  Ο  Μ  Ε  Α  Σ  Ν  Λ  Έ  Λ  Χ  Γ
Ψ  Η  Χ  Ι  Σ  Τ  Ο  Λ  Ό  Γ  Ι  Ο  Ε  Ι
Δ  Η  Φ  Ε  Ή  Ο  Μ  Ή  Ν  Υ  Μ  Α  Ί  Σ
Ι  Δ  Φ  Ι  Β  Γ  Ε  Έ  Ι  Ί  Τ  Σ  Ο  Μ
Α  Ε  Χ  Ι  Α  Ι  Η  Π  Ό  Χ  Ρ  Φ  Θ  Ι
Δ  Δ  Ξ  Γ  Ο  Κ  Λ  Σ  Σ  Σ  Δ  Ά  Ό  Κ
Ί  Ο  Ί  Π  Ξ  Λ  Ή  Π  Η  Δ  Ν  Λ  Ν  Ό
Κ  Μ  Ι  Π  Ω  Α  Έ  Β  Λ  Σ  Ω  Ε  Η  Γ
Τ  Έ  Σ  Ι  Ω  Μ  Ί  Ξ  Η  Ο  Ρ  Ι  Β  Δ
Υ  Ν  Ν  Λ  Ω  Ί  Ο  Π  Ε  Υ  Δ  Α  Ψ  Π
Ο  Α  Σ  Υ  Π  Ο  Λ  Ο  Γ  Ι  Σ  Τ  Ή  Γ
Σ  Τ  Α  Τ  Ι  Σ  Τ  Ι  Κ  Ή  Σ  Ω  Ι  Γ
```

ΑΡΧΕΊΟ	ΜΉΝΥΜΑ
ΙΣΤΟΛΌΓΙΟ	ΠΕΡΙΉΓΗΣΗΣ
ΨΗΦΙΟΛΈΞΕΙΣ	ΈΡΕΥΝΑ
ΥΠΟΛΟΓΙΣΤΉ	ΑΣΦΆΛΕΙΑ
ΔΡΟΜΕΑΣ	ΛΟΓΙΣΜΙΚΌ
ΔΕΔΟΜΈΝΑ	ΟΘΌΝΗ
ΨΗΦΙΑΚΉ	ΕΙΚΟΝΙΚΉ
ΣΤΑΤΙΣΤΙΚΉ	ΪΌΣ
ΔΙΑΔΊΚΤΥΟ	

93 - Arte

```
Ξ  Ζ  Ω  Γ  Ρ  Α  Φ  Ι  Κ  Ή  Ί  Δ  Η  Σ
Γ  Α  Σ  Σ  Η  Π  Ο  Ί  Η  Σ  Η  Ί  Μ  Ο
Α  Ρ  Χ  Ψ  Υ  Λ  Ί  Ω  Ι  Γ  Υ  Η  Ι  Υ
Α  Χ  Ο  Κ  Τ  Ό  Σ  Ύ  Ν  Θ  Ε  Σ  Η  Ρ
Δ  Ι  Ά  Θ  Ε  Σ  Η  Η  Ω  Έ  Ψ  Η  Π  Ε
Τ  Κ  Γ  Λ  Η  Ρ  Σ  Ξ  Δ  Μ  Β  Ι  Σ  Α
Χ  Ή  Ρ  Σ  Ψ  Ρ  Α  Έ  Η  Α  Ω  Γ  Ύ  Λ
Έ  Κ  Φ  Ρ  Α  Σ  Η  Μ  Μ  Ρ  Υ  Λ  Ν  Ι
Υ  Χ  Π  Ρ  Ο  Σ  Ω  Π  Ι  Κ  Ό  Υ  Θ  Σ
Ο  Π  Τ  Ι  Κ  Ή  Χ  Χ  Ο  Κ  Ι  Π  Ε  Μ
Σ  Ύ  Μ  Β  Ο  Λ  Ο  Χ  Υ  Λ  Ή  Τ  Τ  Ό
Ε  Ί  Έ  Α  Έ  Ω  Ε  Π  Ρ  Λ  Ι  Η  Σ
Ε  Έ  Η  Ν  Ο  Λ  Σ  Ί  Γ  Χ  Π  Κ  Ο  Γ
Η  Ι  Ο  Σ  Ν  Σ  Α  Ο  Ώ  Ί  Λ  Ή  Έ  Ω
```

ΚΕΡΑΜΙΚΉ	ΠΡΟΣΩΠΙΚΌ
ΣΎΝΘΕΤΗ	ΖΩΓΡΑΦΙΚΉ
ΣΎΝΘΕΣΗ	ΠΟΊΗΣΗ
ΔΗΜΙΟΥΡΓΏ	ΑΠΛΌΣ
ΓΛΥΠΤΙΚΉ	ΣΎΜΒΟΛΟ
ΈΚΦΡΑΣΗ	ΘΈΜΑ
ΔΙΆΘΕΣΗ	ΣΟΥΡΕΑΛΙΣΜΌΣ
ΑΡΧΙΚΉ	ΟΠΤΙΚΉ

94 - Dinossauros

```
Α  Σ  Έ  Ί  Δ  Ο  Σ  Ν  Υ  Π  Γ  Ρ  Π  Ε
Ρ  Α  Ρ  Μ  Μ  Θ  Ή  Ρ  Α  Μ  Α  Υ  Δ  Υ
Π  Ρ  Π  Έ  Ε  Γ  Χ  Π  Μ  Ξ  Ξ  Υ  Π  Ε
Α  Κ  Ε  Γ  Η  Ρ  Τ  Υ  Ψ  Υ  Η  Ξ  Ν  Α
Κ  Ο  Τ  Ε  Τ  Ε  Λ  Σ  Υ  Ο  Ι  Λ  Ψ  Π
Τ  Φ  Ό  Θ  Ε  Ξ  Α  Φ  Ά  Ν  Ι  Σ  Η  Ο
Ι  Ά  Μ  Ο  Ρ  Ο  Π  Ο  Τ  Τ  Τ  Ρ  Ν  Λ
Κ  Γ  Ν  Σ  Ά  Υ  Ι  Υ  Ί  Ε  Ν  Υ  Δ  Ι
Ό  Ο  Έ  Ι  Σ  Χ  Υ  Ρ  Ό  Χ  Ρ  Η  Λ  Θ
Π  Β  Ο  Ί  Τ  Η  Σ  Ά  Β  Ξ  Η  Ά  Σ  Ώ
Ε  Ξ  Έ  Λ  Ι  Ξ  Η  Μ  Α  Μ  Ο  Ύ  Θ  Μ
Χ  Ψ  Λ  Π  Ο  Π  Α  Μ  Φ  Ά  Γ  Α  Γ  Α
Π  Ρ  Ο  Ϊ  Σ  Τ  Ο  Ρ  Ι  Κ  Ή  Ο  Ο  Τ
Φ  Υ  Τ  Ο  Φ  Ά  Γ  Α  Ι  Ν  Τ  Μ  Ω  Α
```

ΦΤΕΡΆ	ΜΑΜΟΎΘ
ΣΑΡΚΟΦΆΓΟ	ΠΑΜΦΆΓΑ
ΟΥΡΆ	ΙΣΧΥΡΌ
ΕΞΑΦΆΝΙΣΗ	ΘΉΡΑΜΑ
ΤΕΡΆΣΤΙΟ	ΠΡΟΪΣΤΟΡΙΚΉ
ΕΊΔΟΣ	ΑΡΠΑΚΤΙΚΌ
ΕΞΈΛΙΞΗ	ΕΡΠΕΤΌ
ΑΠΟΛΙΘΩΜΑΤΑ	ΜΈΓΕΘΟΣ
ΦΥΤΟΦΆΓΑ	ΓΗ

95 - Esportes

Π	Ε	Μ	Ο	Ε	Σ	Γ	Κ	Ο	Λ	Φ	Ε	Π	Μ
Ρ	Ξ	Ο	Μ	Λ	Ρ	Χ	Σ	Ί	Ξ	Μ	Ρ	Ω	Ρ
Ω	Γ	Ι	Ά	Π	Ρ	Ο	Π	Ο	Ν	Η	Τ	Ή	Σ
Τ	Π	Γ	Δ	Ί	Δ	Ι	Α	Ι	Τ	Η	Τ	Ή	Σ
Ά	Χ	Α	Α	Θ	Λ	Η	Τ	Ή	Σ	Γ	Σ	Ι	Μ
Θ	Ό	Ν	Ι	Κ	Η	Τ	Ή	Σ	Μ	Υ	Π	Η	Π
Λ	Κ	Χ	Η	Χ	Ε	Β	Ο	Έ	Π	Μ	Α	Σ	Έ
Η	Ε	Λ	Ι	Χ	Ν	Π	Ί	Τ	Ά	Ν	Ί	Τ	Ι
Μ	Ϊ	Β	Γ	Σ	Μ	Ί	Ε	Σ	Σ	Α	Κ	Ά	Ζ
Α	Ρ	Ψ	Π	Γ	Ω	Τ	Δ	Ξ	Κ	Σ	Τ	Δ	Μ
Π	Ο	Δ	Ή	Λ	Α	Τ	Ο	Ι	Ε	Τ	Η	Ι	Π
Τ	Έ	Ν	Ι	Σ	Ί	Ε	Ρ	Χ	Τ	Ι	Ω	Ο	Ο
Γ	Υ	Μ	Ν	Ά	Σ	Ι	Ο	Ρ	Γ	Κ	Υ	Δ	Λ
Έ	Λ	Δ	Έ	Ψ	Ρ	Ί	Β	Π	Ι	Ή	Ν	Ψ	Υ

ΑΘΛΗΤΉΣ   ΓΥΜΝΆΣΙΟ
ΔΙΑΙΤΗΤΉΣ   ΓΥΜΝΑΣΤΙΚΉ
ΜΠΆΣΚΕΤ   ΓΚΟΛΦ
ΜΠΈΙΖΜΠΟΛ   ΧΌΚΕΪ
ΠΟΔΉΛΑΤΟ   ΠΑΪΚΤΗ
ΠΡΩΤΆΘΛΗΜΑ   ΠΑΙΧΝΊΔΙ
ΟΜΆΔΑ   ΚΊΝΗΣΗ
ΣΤΆΔΙΟ   ΤΈΝΙΣ
ΝΙΚΗΤΉΣ   ΠΡΟΠΟΝΗΤΉΣ

96 - Comida # 2

```
Ψ  Ά  Ρ  Ι  Κ  Τ  Ο  Ε  Ρ  Λ  Ρ  Μ  Η  Β
Ι  Ρ  Ύ  Α  Α  Ο  Τ  Ε  Η  Γ  Η  Π  Τ  Ι
Ε  Υ  Ζ  Π  Ί  Σ  Τ  Β  Η  Ί  Α  Α  Υ  Π
Δ  Σ  Ι  Σ  Ε  Γ  Δ  Ό  Α  Ξ  Υ  Ν  Ρ  Ε
Σ  Ι  Τ  Ά  Ρ  Ι  Π  Ρ  Π  Τ  Γ  Ά  Ί  Μ
Ν  Ο  Η  Η  Γ  Γ  Έ  Σ  Μ  Ο  Ό  Ν  Υ  Ε
Ο  Τ  Κ  Ε  Ρ  Ά  Σ  Ι  Π  Α  Υ  Α  Ψ  Λ
Α  Π  Ο  Ο  Ο  Χ  Λ  Ο  Ρ  Γ  Υ  Λ  Γ  Ι
Γ  Ξ  Υ  Μ  Λ  Τ  Ί  Η  Ό  Κ  Ν  Σ  Ο  Τ
Β  Χ  Ρ  Ή  Ά  Ά  Α  Ο  Κ  Ι  Ψ  Α  Τ  Ζ
Α  Ι  Β  Λ  Λ  Τ  Τ  Τ  Ο  Ν  Ι  Π  Γ  Ά
Α  Ο  Ξ  Ο  Ψ  Β  Α  Α  Λ  Ά  Έ  Β  Ν  Ν
Α  Μ  Ύ  Γ  Δ  Α  Λ  Ο  Ο  Ρ  Ι  Ν  Π  Ρ  Α
Γ  Ι  Α  Ο  Ύ  Ρ  Τ  Ι  Ζ  Α  Μ  Π  Ό  Ν
```

ΑΓΚΙΝΆΡΑ	ΓΙΑΟΎΡΤΙ
ΑΜΎΓΔΑΛΟ	ΜΉΛΟ
ΡΎΖΙ	ΑΥΓΌ
ΜΠΑΝΆΝΑ	ΨΆΡΙ
ΜΕΛΙΤΖΆΝΑ	ΖΑΜΠΌΝ
ΜΠΡΌΚΟΛΟ	ΤΥΡΊ
ΚΕΡΆΣΙ	ΝΤΟΜΆΤΑ
ΣΟΚΟΛΆΤΑ	ΣΙΤΆΡΙ
ΚΟΤΌΠΟΥΛΟ	

97 - Barcos

```
Ξ  Δ  Έ  Π  Σ  Χ  Ο  Ι  Ν  Ί  Ά  Ν  Κ  Ν
Α  Μ  Η  Χ  Α  Ν  Ή  Η  Γ  Σ  Γ  Π  Α  Λ
Γ  Μ  Π  Ι  Β  Λ  Ί  Η  Ι  Η  Κ  Η  Γ  Ν
Π  Η  Λ  Τ  Γ  Ψ  Ί  Ο  Ο  Μ  Υ  Ν  Ι  Α
Χ  Π  Ή  Β  Ι  Ί  Λ  Ρ  Τ  Α  Ρ  Ί  Ά  Ύ
Π  Ο  Ρ  Θ  Μ  Ε  Ί  Ο  Ρ  Δ  Α  Β  Κ  Τ
Ω  Τ  Ώ  Ν  Σ  Γ  Ν  Γ  Ω  Ο  Α  Τ  Γ  Η
Τ  Α  Μ  Κ  Χ  Μ  Τ  Θ  Έ  Ύ  Ι  Κ  Ν  Σ
Ί  Μ  Α  Α  Π  Ο  Β  Ά  Θ  Ρ  Α  Α  Α  Σ
Β  Ό  Ω  Ν  Σ  Ρ  Ω  Λ  Τ  Α  Ρ  Τ  Υ  Χ
Έ  Σ  Ω  Ό  Μ  Β  Σ  Α  Λ  Α  Π  Ά  Τ  Ε
Λ  Ί  Μ  Ν  Η  Π  Χ  Σ  Ι  Γ  Λ  Ρ  Ι  Δ
Α  Ω  Κ  Ε  Α  Ν  Ό  Σ  Α  Ι  Υ  Τ  Κ  Ί
Κ  Ύ  Μ  Α  Τ  Α  Ι  Α  Ι  Ρ  Ψ  Ι  Ό  Α
```

ΆΓΚΥΡΑ	ΘΆΛΑΣΣΑ
ΠΟΡΘΜΕΊΟ	ΠΑΛΊΡΡΟΙΑ
ΣΗΜΑΔΟΎΡΑ	ΝΑΎΤΗΣ
ΚΑΓΙΆΚ	ΚΑΤΆΡΤΙ
ΚΑΝΌ	ΜΗΧΑΝΉ
ΣΧΟΙΝΊ	ΝΑΥΤΙΚΌ
ΑΠΟΒΆΘΡΑ	ΩΚΕΑΝΌΣ
ΓΙΟΤ	ΚΎΜΑΤΑ
ΣΧΕΔΊΑ	ΠΟΤΑΜΌΣ
ΛΊΜΝΗ	ΠΛΉΡΩΜΑ

98 - Piratas

```
Ν Π Π Ε Ρ Ι Π Έ Τ Ε Ι Α Χ Ω
Η Η Α Η Ρ Υ Σ Υ Μ Χ Ε Τ Ά Ν
Σ Κ Έ Ρ Μ Α Τ Α Γ Α Η Π Ρ Ξ
Ί Ο Ν Υ Α Α Π Υ Ξ Ί Δ Α Τ Λ
Σ Υ Ω Ν Π Λ Ή Ρ Ω Μ Α Π Η Ο
Π Λ Σ Ω Α Β Ί Β Θ Έ Έ Α Η Χ
Ή Ή Ά Γ Κ Υ Ρ Α Α Ρ Π Γ Α
Λ Τ Ω Χ Ρ Υ Σ Ό Σ Ρ Ύ Ά Π Γ
Α Τ Ρ Κ Ι Ν Δ Ύ Ν Ο Υ Λ Υ Ό
Ι Χ Ο Α Ε Ι Έ Ί Σ Σ Ξ Ο Ο Σ
Ο Ι Ύ Κ Ι Α Γ Έ Ψ Ω Γ Σ Λ Σ
Α Α Μ Ό Ω Υ Ν Η Σ Γ Η Ι Ξ Ρ
Β Σ Ι Ψ Τ Π Ί Ό Σ Π Α Θ Ί Ρ
Α Υ Γ Ι Η Ι Θ Η Σ Α Υ Ρ Ό Σ
```

ΠΕΡΙΠΈΤΕΙΑ
ΆΓΚΥΡΑ
ΠΥΞΊΔΑ
ΛΟΧΑΓΌΣ
ΣΠΉΛΑΙΟ
ΟΥΛΉ
ΣΠΑΘΊ
ΝΗΣΊ
ΘΡΎΛΟΣ
ΧΆΡΤΗ

ΚΑΚΌ
ΚΈΡΜΑΤΑ
ΩΚΕΑΝΌΣ
ΧΡΥΣΌΣ
ΠΑΠΑΓΆΛΟΣ
ΚΙΝΔΎΝΟΥ
ΠΑΡΑΛΊΑ
ΡΟΎΜΙ
ΘΗΣΑΥΡΌΣ
ΠΛΉΡΩΜΑ

99 - Mamíferos

```
Ω  Τ  Ί  Ψ  Η  Χ  Ρ  Ι  Π  Ν  Η  Ψ  Ο  Γ
Κ  Α  Μ  Η  Λ  Ο  Π  Ά  Ρ  Δ  Α  Λ  Η  Ο
Ο  Α  Ε  Ε  Ο  Ρ  Σ  Ε  Ό  Ε  Υ  Ι  Φ  Ρ
Υ  Γ  Γ  Λ  Ύ  Κ  Ο  Σ  Β  Λ  Μ  Ο  Ά  Ι
Ν  Χ  Ά  Κ  Έ  Ζ  Ψ  Ο  Α  Φ  Κ  Ν  Λ  Λ
Έ  Α  Τ  Α  Ο  Φ  Έ  Π  Τ  Ί  Α  Τ  Α  Α
Λ  Λ  Α  Γ  Μ  Υ  Α  Β  Ο  Ν  Μ  Ά  Ι  Σ
Ι  Ε  Ν  Έ  Η  Τ  Ρ  Ν  Ρ  Ι  Ή  Ρ  Ν  Ν
Σ  Π  Ά  Λ  Ο  Γ  Ο  Ό  Τ  Α  Λ  Ι  Α  Ο
Κ  Ο  Γ  Ι  Ό  Τ  Ψ  Ι  Ξ  Α  Α  Χ  Δ  Ψ
Ύ  Ύ  Μ  Α  Ϊ  Μ  Ο  Ύ  Ί  Ψ  Σ  Ί  Α  Ψ
Λ  Κ  Ά  Σ  Τ  Ο  Ρ  Α  Σ  Ί  Ο  Ω  Ρ  Ρ
Ο  Ο  Σ  Έ  Ω  Ρ  Τ  Α  Ύ  Ρ  Ο  Σ  Δ  Η
Σ  Β  Ο  Μ  Υ  Ι  Χ  Γ  Σ  Δ  Μ  Ω  Υ  Ι
```

ΦΆΛΑΙΝΑ   ΚΑΜΗΛΟΠΆΡΔΑΛΗ
ΚΑΜΉΛΑ   ΔΕΛΦΊΝΙ
ΚΑΓΚΟΥΡΌ   ΓΟΡΊΛΑΣ
ΚΆΣΤΟΡΑΣ   ΛΙΟΝΤΆΡΙ
ΆΛΟΓΟ   ΛΎΚΟΣ
ΣΚΎΛΟΣ   ΜΑΪΜΟΎ
ΚΟΥΝΈΛΙ   ΠΡΌΒΑΤΟ
ΚΟΓΪΟΤ   ΑΛΕΠΟΎ
ΕΛΈΦΑΝΤΑΣ   ΤΑΎΡΟΣ
ΓΆΤΑ   ΖΈΒΡΑ

100 - Atividades e Lazer

```
Χ  Μ  Γ  Χ  Ό  Μ  Π  Ι  Γ  Μ  Π  Ω  Δ  Ξ
Α  Π  Κ  Ά  Μ  Π  Ι  Ν  Γ  Κ  Λ  Ψ  Ω  Π
Λ  Έ  Η  Ω  Λ  Ο  Δ  Ψ  Λ  Ο  Δ  Τ  Τ  Ο
Α  Ι  Π  Α  Ω  Ξ  Λ  Ε  Ά  Ρ  Χ  Μ  Ε  Π
Ρ  Ζ  Ο  Γ  Β  Ό  Λ  Ε  Ϊ  Ρ  Ω  Σ  Ι  Ξ
Ω  Μ  Υ  Κ  Α  Τ  Α  Δ  Ύ  Σ  Ε  Ι  Σ  Η
Τ  Π  Ρ  Ο  Ν  Έ  Ω  Χ  Π  Έ  Τ  Μ  Υ  Β
Ι  Ο  Ι  Λ  Ω  Ν  Α  Ξ  Ν  Ψ  Χ  Λ  Α  Μ
Κ  Λ  Κ  Φ  Ε  Ι  Σ  Έ  Ρ  Φ  Ι  Ν  Γ  Κ
Ό  Υ  Ή  Ν  Ρ  Σ  Υ  Μ  Π  Ά  Σ  Κ  Ε  Τ
Κ  Ο  Λ  Ύ  Μ  Β  Η  Σ  Η  Γ  Ο  Έ  Ι  Έ
Π  Ο  Δ  Ό  Σ  Φ  Α  Ι  Ρ  Ο  Ι  Χ  Ν  Χ
Π  Ε  Ζ  Ο  Π  Ο  Ρ  Ί  Α  Ε  Υ  Έ  Α  Ν
Ρ  Χ  Β  Τ  Α  Ξ  Ί  Δ  Ι  Ξ  Ω  Ο  Μ  Η
```

ΚΆΜΠΙΝΓΚ	ΚΗΠΟΥΡΙΚΉ
ΤΈΧΝΗ	ΚΑΤΑΔΎΣΕΙΣ
ΜΠΆΣΚΕΤ	ΚΟΛΎΜΒΗΣΗ
ΜΠΈΙΖΜΠΟΛ	ΨΆΡΕΜΑ
ΜΠΟΞ	ΧΑΛΑΡΩΤΙΚΌ
ΠΕΖΟΠΟΡΊΑ	ΣΈΡΦΙΝΓΚ
ΠΟΔΌΣΦΑΙΡΟ	ΤΈΝΙΣ
ΓΚΟΛΦ	ΤΑΞΊΔΙ
ΧΌΜΠΙ	ΒΌΛΕΪ

1 - Dirigindo

2 - Atividades

3 - Churrascos

4 - Pesca

5 - Geologia

6 - Móveis

7 - Tempo

8 - Astronomia

9 - Circo

10 - Acampamento

11 - Emoções

12 - Ficção Científica

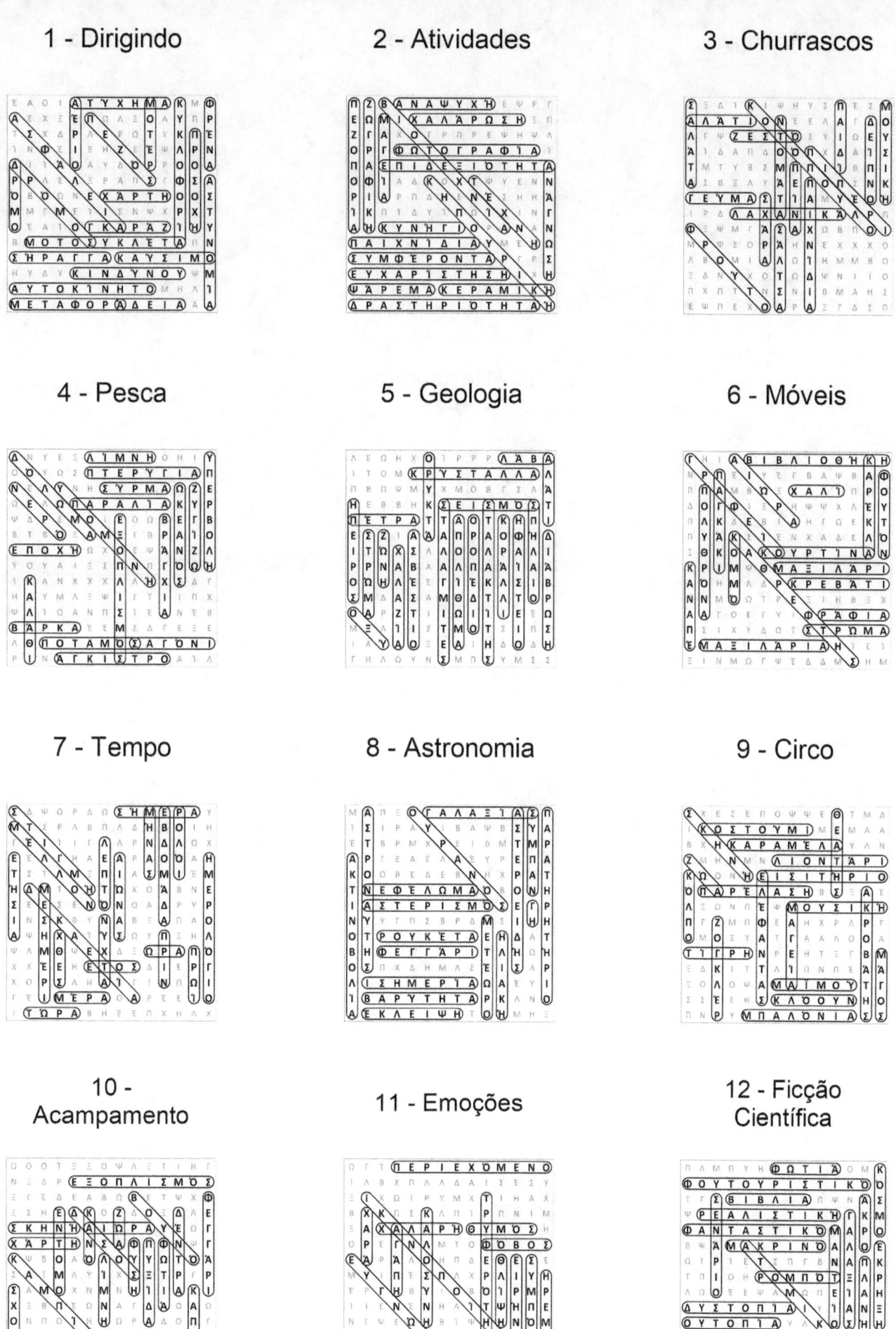

13 - Mitologia

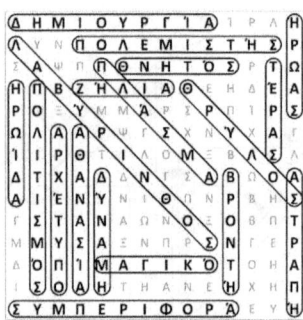

14 - Medições

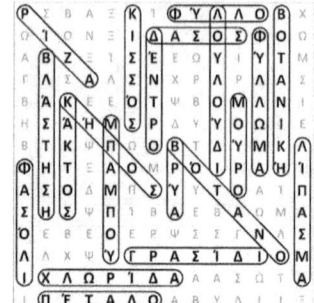

15 - Plantas

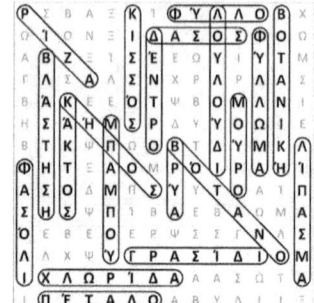

16 - Veículos

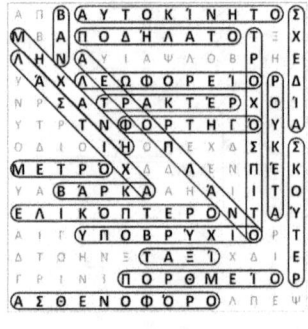

17 - Restaurante # 2

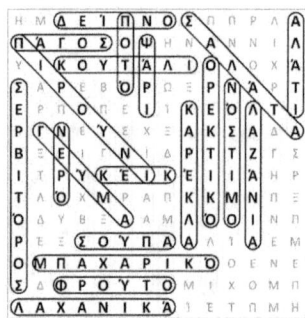

18 - Países #2

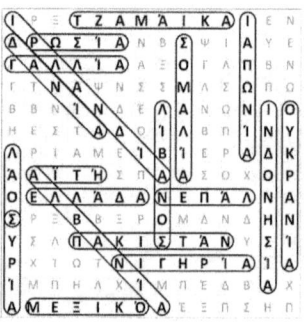

19 - Cozinha

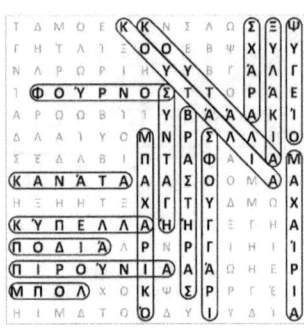

20 - Brinquedos

21 - Verão

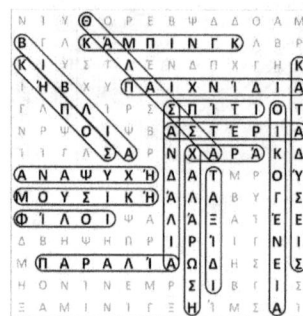

22 - Material de Arte

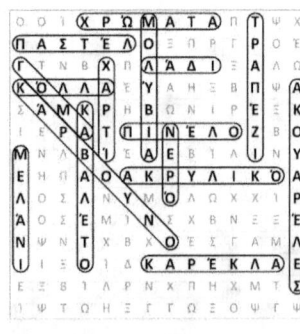

23 - Números

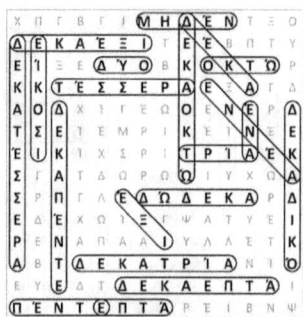

24 - Ferramentas

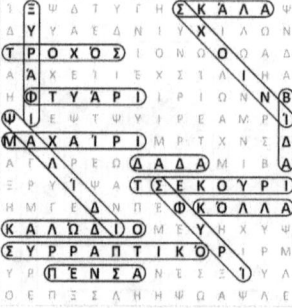

25 - Especiarias

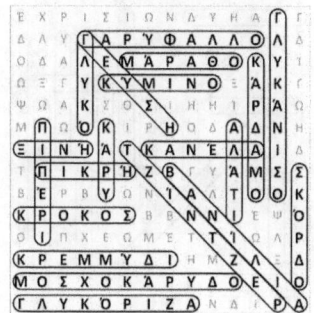

26 - Aniversário

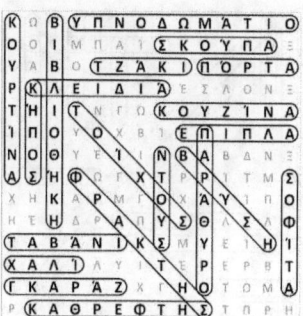

27 - Casa

28 - Vegetais

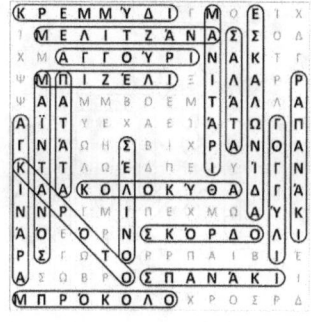

29 - Balé

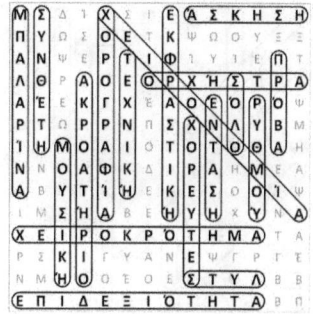

30 - Adjetivos #1

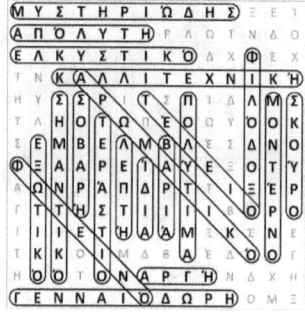

31 - Insetos

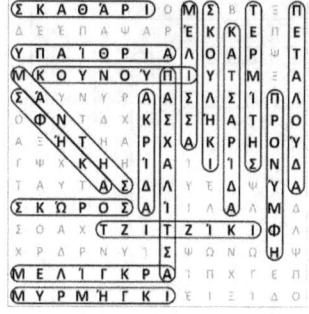

32 - Paisagens

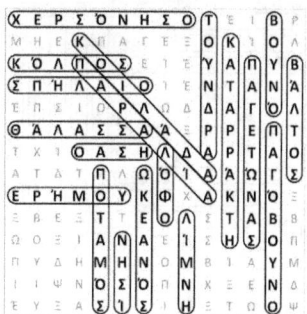

33 - Dança

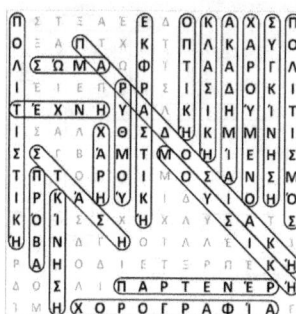

34 - Nutrição

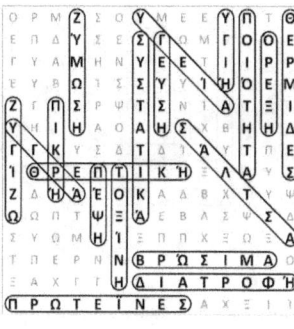

35 - Disciplinas Científicas

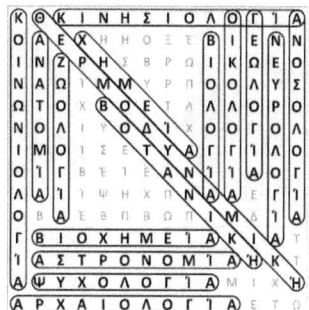

36 - Meditação

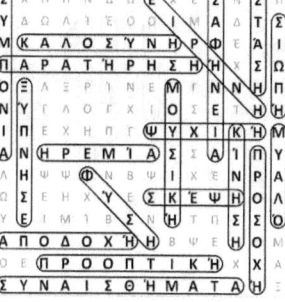

37 - Gatos

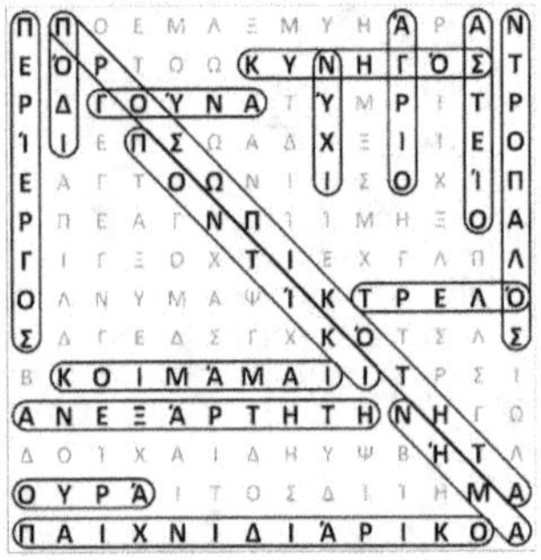

38 - Artes Visuais

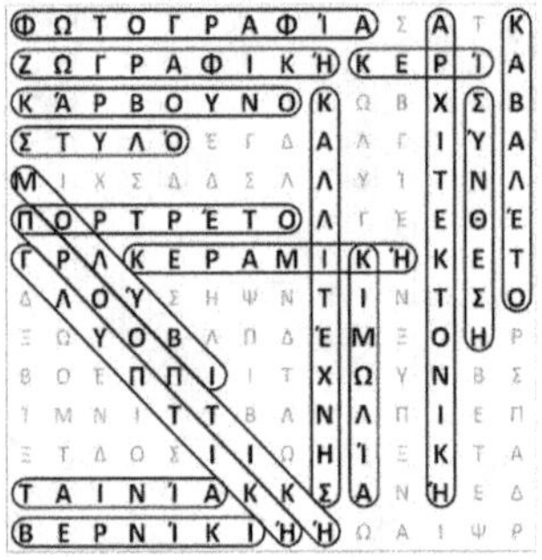

39 - Instrumentos Musicais

40 - Escola #1

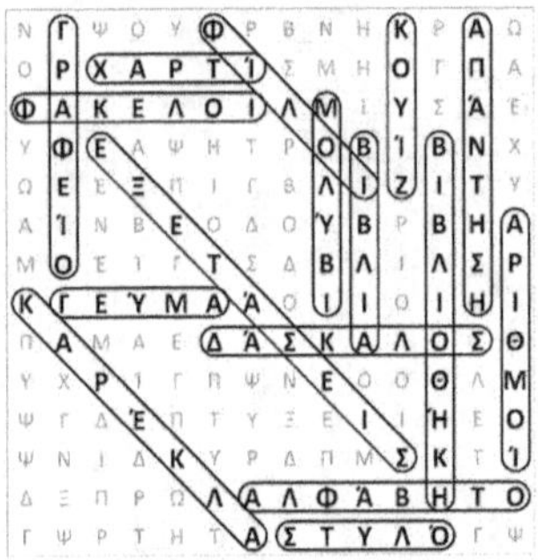

41 - Adjetivos #2

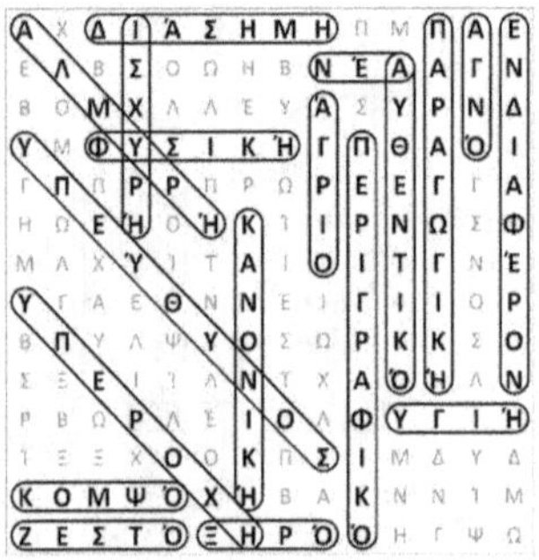

42 - Roupas

43 - Herbalismo

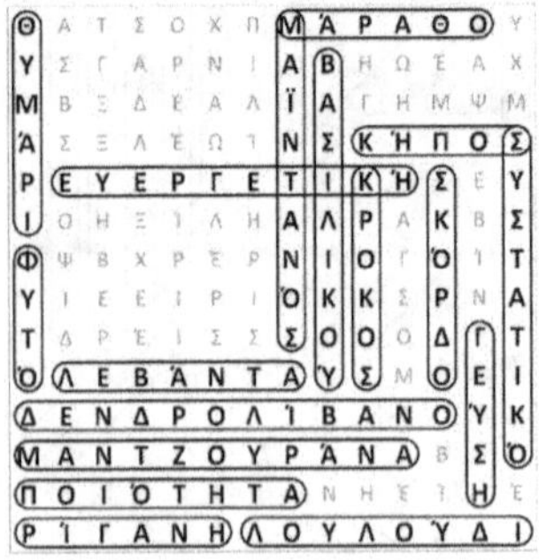

44 - Férias #1

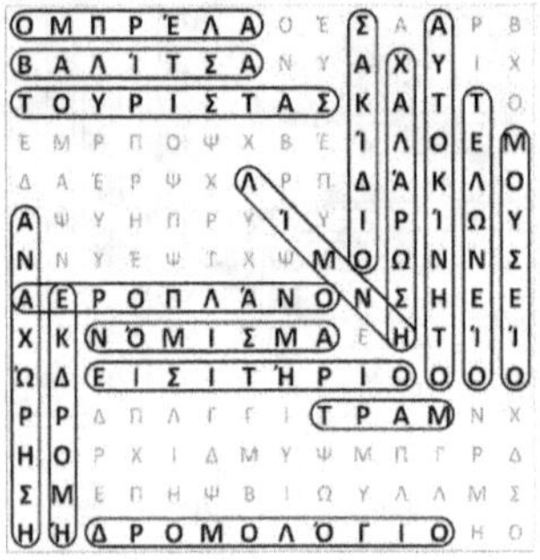

45 - Frutas

46 - Corpo Humano

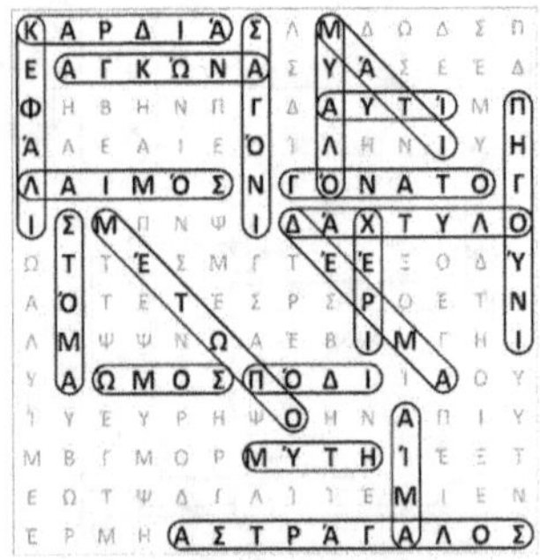

47 - Restaurante #1

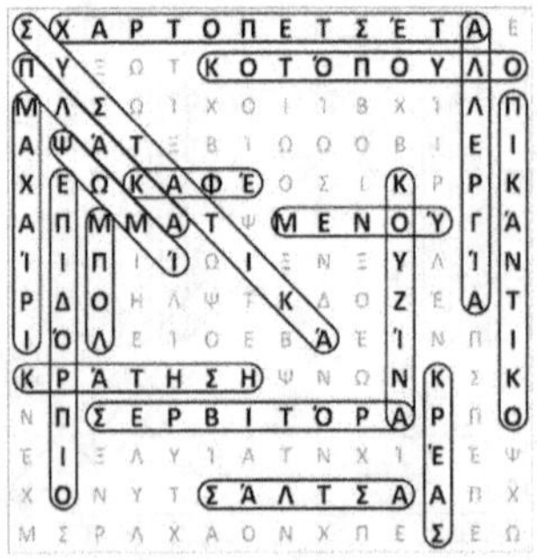

48 - Caminhada

49 - Água

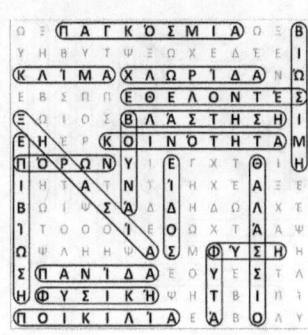

50 - Ecologia

51 - Família

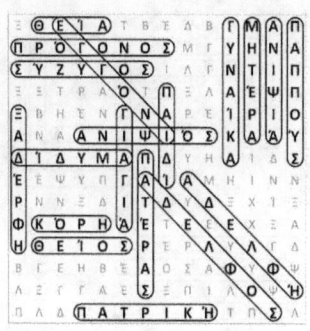

52 - Férias #2

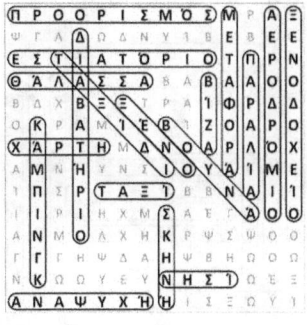

53 - Edifícios

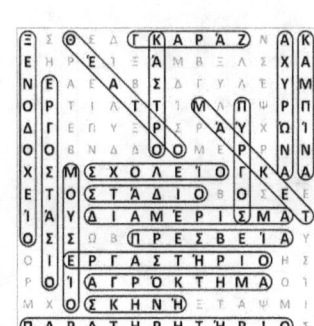

54 - Praia

55 - Ferramentas de Cozinha

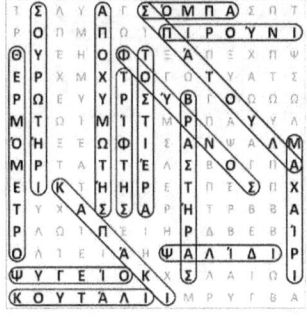

56 - Xadrez

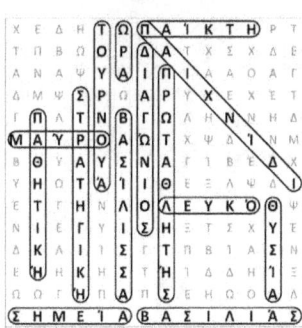
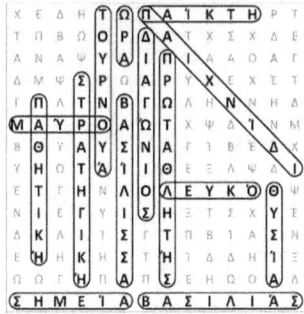

57 - Aventura

58 - Surf

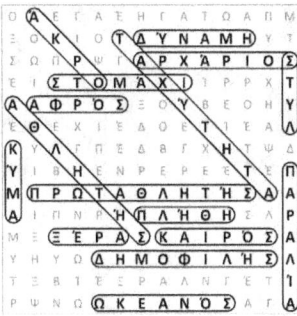

59 - Floresta Tropical

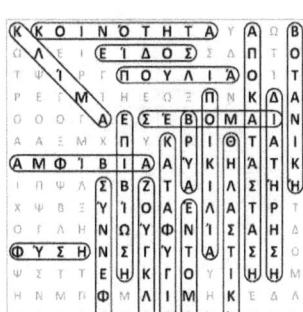
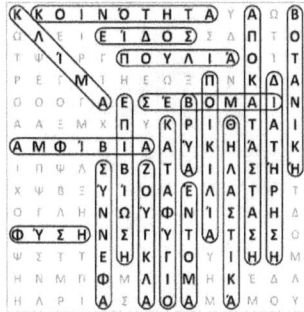

60 - Cidade

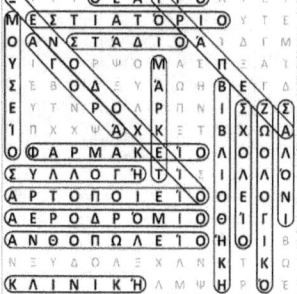

61 - Matemática

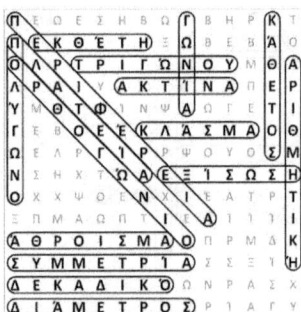

62 - Natureza

63 - Preencher

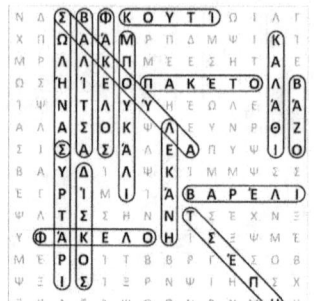

64 - Animais de Estimação

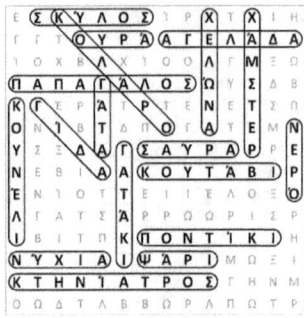

65 - Escalada

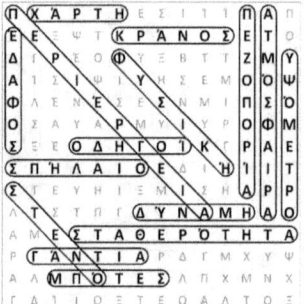

66 - Aviões

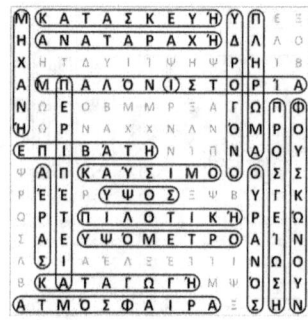

67 - Tipos de Cabelo

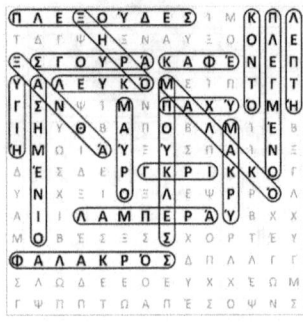

68 - Formas

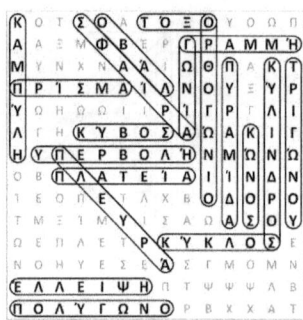

69 - Dias e Meses

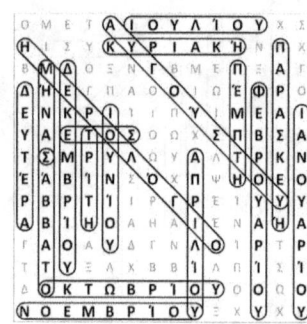

70 - Geografia

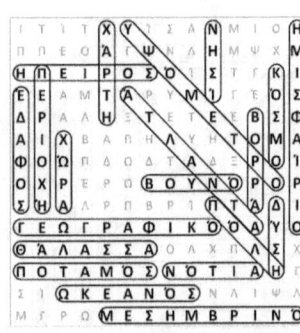

71 - Antártica

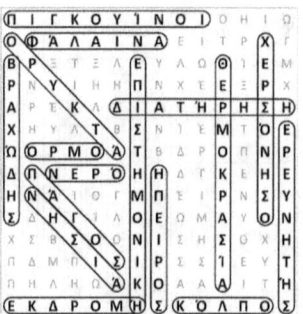

72 - Flores

73 - Fazenda #1

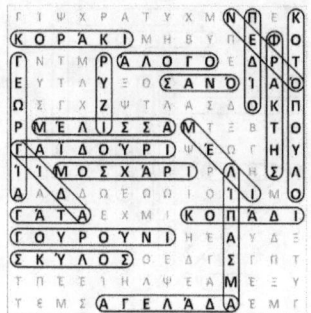

74 - Livros

75 - Chocolate

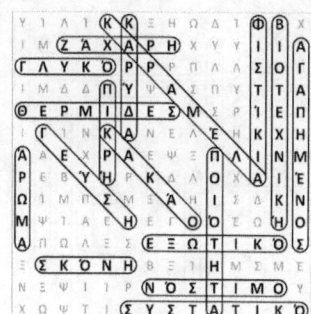

76 - Profissões #2

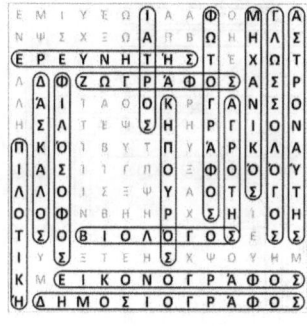

77 - Fazenda #2

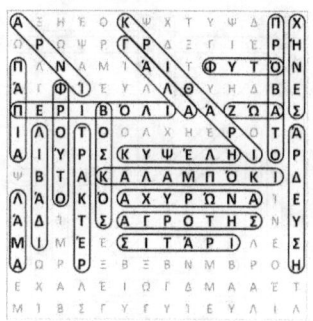

78 - Jardim

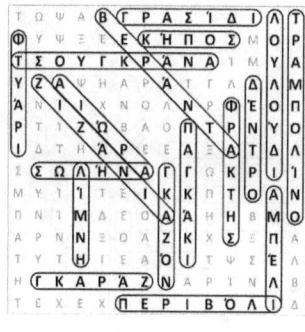

79 - Oceano

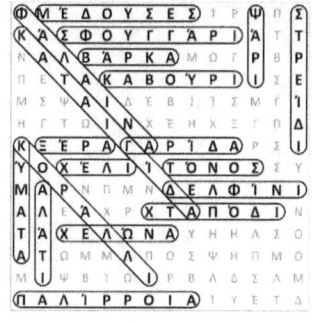

80 - Profissões #1

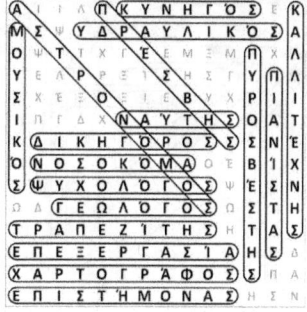

81 - Campeonato

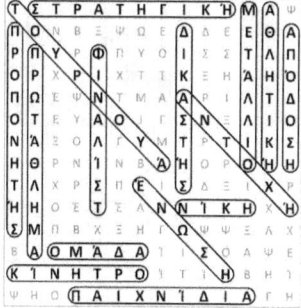

82 - Castelos

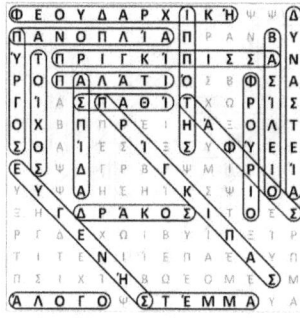

83 - Escola # 2

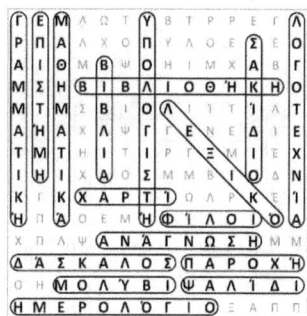

84 - Abelhas

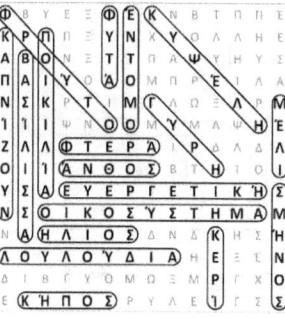

85 - Banheiro

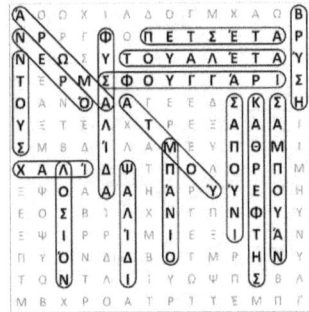

86 - Ciência

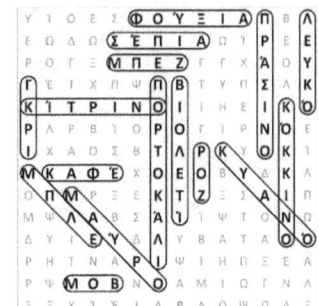

87 - Cores

88 - Comida #1

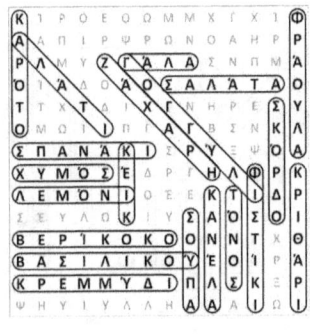

89 - Pássaros

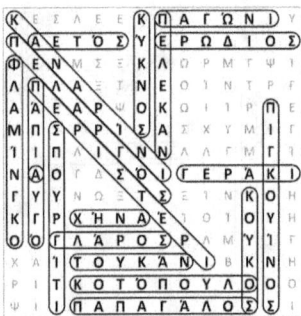

90 - Literatura

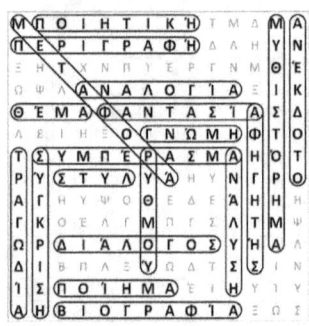

91 - Clima

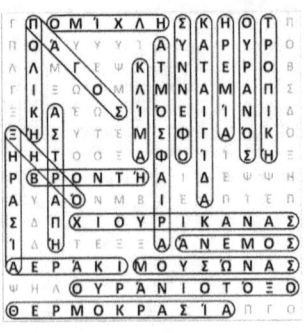

92 - Tecnologia

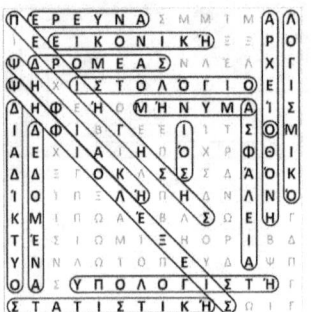

93 - Arte

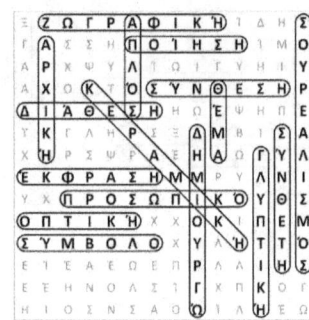

94 - Dinossauros

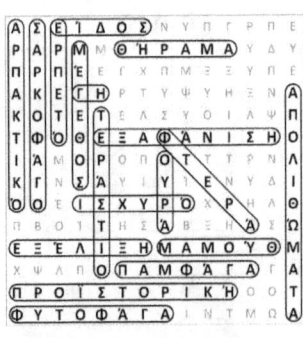

95 - Esportes

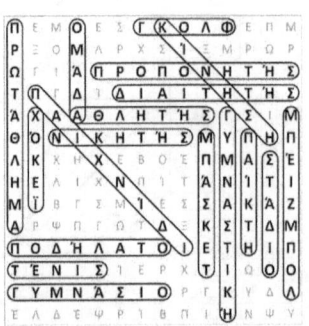

96 - Comida # 2

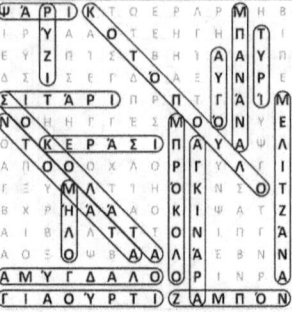

97 - Barcos

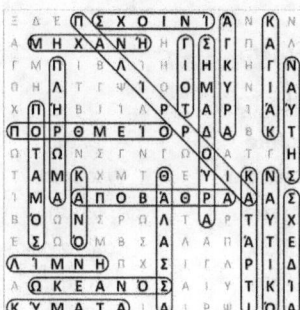

98 - Piratas

99 - Mamíferos

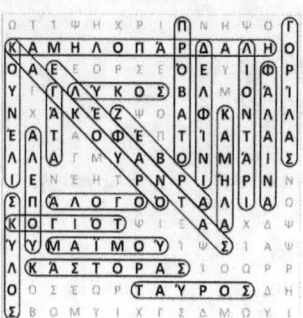

100 - Atividades e Lazer

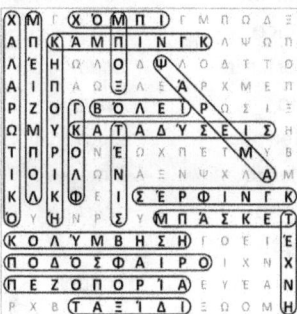

Dicionário

Abelhas
Μέλισσες

Asas	Φτερά
Benéfico	Ευεργετική
Cera	Κερί
Colmeia	Κυψέλη
Diversidade	Ποικιλία
Ecossistema	Οικοσύστημα
Enxame	Σμήνοσ
Flor	Άνθοσ
Flores	Λουλούδια
Fruta	Φρούτο
Fumaça	Καπνίζουν
Inseto	Έντομο
Jardim	Κήποσ
Mel	Μέλι
Plantas	Φυτά
Pólen	Γύρη
Rainha	Βασίλισσα
Sol	Ήλιοσ

Acampamento
Κατασκήνωση

Animais	Ζώα
Aventura	Περιπέτεια
Árvores	Δέντρα
Bússola	Πυξίδα
Cabine	Καμπίνα
Caça	Κυνήγι
Canoa	Κανό
Chapéu	Καπέλο
Corda	Σχοινί
Equipamento	Εξοπλισμόσ
Floresta	Δασοσ
Fogo	Φωτιά
Inseto	Έντομο
Lago	Λίμνη
Lua	Φεγγάρι
Maca	Αιώρα
Mapa	Χάρτη
Montanha	Βουνό
Natureza	Φύση
Tenda	Σκηνή

Adjetivos #1
Επίθετα #1

Absoluto	Απόλυτη
Ambicioso	Φιλόδοξο
Aromático	Αρωματικό
Artístico	Καλλιτεχνική
Atraente	Ελκυστικό
Brilhante	Φωτεινό
Enorme	Τεράστιο
Escuro	Σκούρο
Exótico	Εξωτικό
Fino	Λεπτή
Generoso	Γενναιόδωρη
Idêntico	Ίδια
Importante	Σημαντικό
Lento	Αργή
Misterioso	Μυστηριώδησ
Moderno	Μοντέρνο
Perfeito	Τέλειο
Pesado	Βαριά
Sério	Σοβαρή
Valioso	Πολύτιμα

Adjetivos #2
Επίθετα #2

Autêntico	Αυθεντικό
Criativo	Δημιουργική
Descritivo	Περιγραφικό
Dotado	Προικισμένοσ
Elegante	Κομψό
Famoso	Διάσημη
Forte	Ισχυρή
Interessante	Ενδιαφέρον
Natural	Φυσική
Normal	Κανονική
Novo	Νέα
Orgulhoso	Υπεροχη
Produtivo	Παραγωγική
Puro	Αγνό
Quente	Ζεστό
Responsável	Υπεύθυνοσ
Salgado	Αλμυρή
Saudável	Υγιή
Seco	Ξηρό
Selvagem	Άγριο

Animais de Estimação
Κατοικίδια

Água	Νερό
Cabra	Γίδα
Cachorro	Κουτάβι
Cauda	Ουρά
Cão	Σκύλοσ
Coelho	Κουνέλι
Colarinho	Κολάρο
Garras	Νύχια
Gatinho	Γατάκι
Gato	Γάτα
Hamster	Χάμστερ
Lagarto	Σαύρα
Mouse	Ποντίκι
Papagaio	Παπαγάλοσ
Peixe	Ψάρι
Tartaruga	Χελώνα
Vaca	Αγελάδα
Veterinário	Κτηνίατροσ

Aniversário
Γενέθλια

Alegre	Χαρούμενο
Amigos	Φίλοι
Ano	Ετοσ
Bolo	Κέικ
Calendário	Ημερολόγιο
Canção	Τραγούδι
Cartões	Κάρτεσ
Celebração	Γιορτή
Convites	Πρόσκληση
Dia	Μέρα
Dom	Δώρο
Especial	Ειδική
Feliz	Ευτυχισμένο
Sabedoria	Σοφία
Tempo	Ώρα
Velas	Κερί

Antártica
Ανταρκτική

Ambiente	Περιβάλλον
Água	Νερό
Baía	Κόλπο
Baleias	Φάλαινα
Científico	Επιστημονική
Conservação	Διατήρηση
Continente	Ήπειροσ
Enseada	Όρμο
Expedição	Εκδρομή
Gelo	Πάγοσ
Geografia	Γεωγραφία
Ilhas	Νησιά
Investigador	Ερευνητήσ
Migração	Μετανάστευση
Minerais	Ορυκτά
Península	Χερσόνησο
Pinguins	Πιγκουίνοι
Rochoso	Βραχώδησ
Temperatura	Θερμοκρασία
Topografia	Τοπογραφία

Arte
Τέχνη

Cerâmica	Κεραμική
Complexo	Σύνθετη
Composição	Σύνθεση
Criar	Δημιουργώ
Escultura	Γλυπτική
Expressão	Έκφραση
Humor	Διάθεση
Inspirado	Εμπνευσμένη
Original	Αρχική
Pessoal	Προσωπικό
Pinturas	Ζωγραφική
Poesia	Ποίηση
Simples	Απλόσ
Símbolo	Σύμβολο
Sujeito	Θέμα
Surrealismo	Σουρεαλισμόσ
Visual	Οπτική

Artes Visuais
Εικαστικές Τέχνες

Arquitetura	Αρχιτεκτονική
Artista	Καλλιτέχνησ
Caneta	Στυλό
Carvão	Κάρβουνο
Cavalete	Καβαλέτο
Cera	Κερί
Cerâmica	Κεραμική
Composição	Σύνθεση
Escultura	Γλυπτική
Estêncil	Πολυγράφο
Filme	Ταινία
Fotografia	Φωτογραφία
Giz	Κιμωλία
Lápis	Μολύβι
Obra-Prima	Αριστούργημα
Perspectiva	Προοπτική
Pintura	Ζωγραφική
Retrato	Πορτρέτο
Verniz	Βερνίκι

Astronomia
Αστρονομία

Asteróide	Αστεροειδήσ
Astronauta	Αστροναύτησ
Astrônomo	Αστρονόμοσ
Céu	Ουρανόσ
Constelação	Αστερισμό
Eclipse	Έκλειψη
Equinócio	Ισημερία
Foguete	Ρουκέτα
Galáxia	Γαλαξίασ
Gravidade	Βαρύτητα
Lua	Φεγγάρι
Meteoro	Μετέωρο
Nebulosa	Νεφέλωμα
Observatório	Παρατηρητήριο
Planeta	Πλανήτησ
Radiação	Ακτινοβολία
Solar	Ηλιακή
Supernova	Σουπερνόβα
Terra	Γη
Universo	Σύμπαν

Atividades
Δραστηριότητες

Arte	Τέχνη
Artesanato	Βιοτεχνία
Atividade	Δραστηριότητα
Caca	Κυνήγι
Caminhada	Πεζοπορία
Cerâmica	Κεραμική
Fotografia	Φωτογραφία
Habilidade	Επιδεξιότητα
Interesses	Συμφέροντα
Jardinagem	Κηπουρική
Jogos	Παιχνίδια
Lazer	Αναψυχή
Lendo	Ανάγνωση
Magia	Μαγεία
Pesca	Ψάρεμα
Pintura	Ζωγραφική
Prazer	Ευχαρίστηση
Relaxamento	Χαλάρωση

Atividades e Lazer
Δραστηριότητες και Αναψυχή

Acampamento	Κάμπινγκ
Arte	Τέχνη
Basquete	Μπάσκετ
Beisebol	Μπέιζμπολ
Boxe	Μποξ
Caminhada	Πεζοπορία
Futebol	Ποδόσφαιρο
Golfe	Γκολφ
Hobbies	Χόμπι
Jardinagem	Κηπουρική
Mergulho	Καταδύσεις
Natação	Κολύμβηση
Pesca	Ψάρεμα
Pintura	Ζωγραφική
Relaxante	Χαλαρωτικό
Surfe	Σέρφινγκ
Tênis	Τένισ
Viagem	Ταξίδι
Voleibol	Βόλεϊ

Aventura
Περιπέτεια

Alegria	Χαρά
Amigos	Φίλοι
Atividade	Δραστηριότητα
Beleza	Ομορφιά
Bravura	Γενναιότητα
Chance	Ευκαιρία
Destino	Προορισμόσ
Dificuldade	Δυσκολία
Entusiasmo	Ενθουσιασμόσ
Excursão	Εκδρομή
Incomum	Ασυνήθιστο
Itinerário	Δρομολόγιο
Natureza	Φύση
Navegação	Πλοήγηση
Novo	Νέα
Perigoso	Επικίνδυνο
Preparação	Παρασκευή
Segurança	Ασφάλεια
Viagens	Ταξίδι

Aviões
Αεροπλάνα

Altitude	Υψόμετρο
Altura	Υψοσ
Ar	Αέρασ
Aterrissagem	Προσγείωση
Atmosfera	Ατμόσφαιρα
Aventura	Περιπέτεια
Balão	Μπαλόνι
Céu	Ουρανόσ
Combustível	Καύσιμο
Construção	Κατασκευή
Descida	Καταγωγή
Direção	Κατεύθυνση
Hidrogênio	Υδρογόνο
História	Ιστορία
Inflar	Φουσκώνουν
Motor	Μηχανή
Passageiro	Επιβάτη
Piloto	Πιλοτική
Tripulação	Πλήρωμα
Turbulência	Αναταραχή

Água
Νερό

Canal	Κανάλι
Chuva	Βροχή
Chuveiro	Ντους
Evaporação	Εξάτμιση
Furacão	Χιουρικανασ
Geada	Παγωνιά
Gelo	Πάγοσ
Inundação	Πλημμύρα
Irrigação	Άρδευση
Lago	Λίμνη
Monção	Μουσώνασ
Neve	Χιόνι
Oceano	Ωκεανόσ
Ondas	Κύματα
Potável	Πόσιμο
Rio	Ποταμόσ
Umidade	Υγρασία
Vapor	Ατμού

Balé
Μπαλέτο

Aplauso	Χειροκρότημα
Artístico	Καλλιτεχνική
Bailarina	Μπαλαρίνα
Compositor	Συνθέτη
Coreografia	Χορογραφία
Dançarinos	Χορευτεσ
Ensaio	Πρόβα
Estilo	Στυλ
Expressivo	Εκφραστική
Gesto	Χειρονομία
Habilidade	Επιδεξιότητα
Intensidade	Ένταση
Música	Μουσική
Orquestra	Ορχήστρα
Prática	Άσκηση
Público	Ακροατήριο
Ritmo	Ρυθμού
Solo	Σόλο
Técnica	Τεχνική

Banheiro
Μπάνιο

Água	Νερό
Banheiro	Τουαλέτα
Banho	Μπάνιο
Bolhas	Φυσαλίδα
Chuveiro	Ντους
Espelho	Καθρεφτησ
Esponja	Σφουγγάρι
Loção	Λοσιόν
Perfume	Άρωμα
Sabão	Σαπούνι
Tapete	Χαλί
Tesoura	Ψαλίδι
Toalha	Πετσέτα
Torneira	Βρύση
Vapor	Ατμού
Xampu	Σαμπουάν

Barcos
Σκάφη

Âncora	Άγκυρα
Balsa	Πορθμείο
Bóia	Σημαδούρα
Caiaque	Καγιάκ
Canoa	Κανό
Corda	Σχοινί
Doca	Αποβάθρα
Iate	Γιοτ
Jangada	Σχεδία
Lago	Λίμνη
Mar	Θάλασσα
Maré	Παλίρροια
Marinheiro	Ναύτησ
Mastro	Κατάρτι
Motor	Μηχανή
Náutico	Ναυτικό
Oceano	Ωκεανόσ
Ondas	Κύματα
Rio	Ποταμόσ
Tripulação	Πλήρωμα

Brinquedos
Παιχνίδια

Artesanato	Βιοτεχνία
Avião	Αεροπλάνο
Barco	Βάρκα
Bateria	Τύμπανα
Bicicleta	Ποδήλατο
Bola	Μπάλα
Boneca	Κούκλα
Caminhão	Φορτηγό
Carro	Αυτοκίνητο
Favorito	Αγαπημένοσ
Imaginação	Φαντασία
Jogos	Παιχνίδια
Livros	Βιβλια
Pipa	Χαρταετόσ
Robô	Ρομπότ
Tintas	Χρώματα
Xadrez	Σκάκι

Caminhada
Πεζοπορία

Acampamento	Κάμπινγκ
Animais	Ζώα
Água	Νερό
Botas	Μπότεσ
Cansado	Κουρασμένοσ
Clima	Κλίμα
Cume	Κορυφή
Guias	Οδηγοί
Mapa	Χάρτη
Montanha	Βουνό
Mosquitos	Κουνούπια
Natureza	Φύση
Parques	Πάρκα
Pedras	Πέτρα
Penhasco	Βράχο
Pesado	Βαριά
Preparação	Παρασκευή
Selvagem	Άγριο
Sol	Ήλιοσ
Tempo	Καιρόσ

Campeonato
Πρωτάθλημα

Campeão	Πρωταθλητήσ
Campeonato	Πρωτάθλημα
Desempenho	Απόδοση
Equipe	Ομάδα
Esportes	Αθλητική
Estratégia	Στρατηγική
Finalista	Φιναλίστ
Jogos	Παιχνίδια
Juiz	Δικαστήσ
Liga	Ένωση
Medalha	Μετάλλιο
Motivação	Κίνητρο
Resistência	Αντοχή
Torneio	Τουρνουά
Treinador	Προπονητήσ
Vitória	Νίκη

Casa
Σπίτι

Biblioteca	Βιβλιοθήκη
Cerca	Φρακτησ
Chaves	Κλειδιά
Chuveiro	Ντουσ
Cortinas	Κουρτίνα
Cozinha	Κουζίνα
Espelho	Καθρεφτησ
Garagem	Γκαράζ
Janela	Παράθυρο
Jardim	Κήποσ
Lareira	Τζάκι
Mobiliário	Έπιπλα
Parede	Τοίχοσ
Porta	Πόρτα
Quarto	Υπνοδωμάτιο
Sótão	Σοφίτα
Tapete	Χαλί
Teto	Ταβάνι
Torneira	Βρύση
Vassoura	Σκούπα

Castelos
Κάστρα

Armadura	Πανοπλία
Catapulta	Καταπέλτησ
Cavaleiro	Ιππότησ
Cavalo	Άλογο
Coroa	Στέμμα
Dinastia	Δυναστεία
Dragão	Δράκοσ
Escudo	Ασπίδα
Espada	Σπαθί
Feudal	Φεουδαρχική
Fortaleza	Φρούριο
Fosso	Τάφροσ
Império	Αυτοκρατορία
Nobre	Ευγενήσ
Palácio	Παλάτι
Parede	Τοίχοσ
Princesa	Πριγκίπισσα
Príncipe	Πρίγκιπασ
Reino	Βασίλειο
Torre	Πύργοσ

Chocolate
Σοκολάτα

Açúcar	Ζάχαρη
Amargo	Πικρή
Amendoins	Φιστίκια
Aroma	Άρωμα
Artesanal	Βιοτεχνική
Cacau	Κακάο
Calorias	Θερμιδεσ
Caramelo	Καραμέλα
Coco	Καρύδα
Delicioso	Νόστιμο
Doce	Γλυκό
Exótico	Εξωτικό
Favorito	Αγαπημένοσ
Gosto	Γεύση
Ingrediente	Συστατικό
Pó	Σκόνη
Qualidade	Ποιότητα
Receita	Συνταγή

Churrascos
Μπάρμπεκιου

Almoço	Γεύμα
Convite	Πρόσκληση
Crianças	Παιδί
Facas	Μαχαίρια
Família	Οικογένεια
Fome	Πείνα
Frango	Κοτόπουλο
Fruta	Φρούτο
Grelha	Σχάρα
Jantar	Δείπνο
Jogos	Παιχνίδια
Legumes	Λαχανικά
Molho	Σάλτσα
Música	Μουσική
Pimenta	Πιπέρι
Quente	Ζεστό
Sal	Αλάτι
Saladas	Σαλάτα
Tomates	Ντομάτα
Verão	Καλοκαίρι

Cidade
Πόλη

Aeroporto	Αεροδρόμιο
Banco	Τράπεζα
Biblioteca	Βιβλιοθήκη
Clínica	Κλινική
Escola	Σχολείο
Estádio	Στάδιο
Farmácia	Φαρμακείο
Florista	Ανθοπωλείο
Galeria	Συλλογή
Hotel	Ξενοδοχείο
Jardim Zoológico	Ζωολογικό
Livraria	Βιβλιοπωλείο
Mercado	Αγορά
Museu	Μουσείο
Padaria	Αρτοποιείο
Restaurante	Εστιατόριο
Salão	Σαλόνι
Supermercado	Μάρκετ
Teatro	Θέατρο
Universidade	Πανεπιστήμιο

Ciência
Επιστήμη

Átomo	Άτομο
Cientista	Επιστήμονασ
Clima	Κλίμα
Dados	Δεδομένα
Evolução	Εξέλιξη
Fato	Γεγονόσ
Física	Φυσική
Fóssil	Απολίθωμα
Gravidade	Βαρύτητα
Hipótese	Υπόθεση
Laboratório	Εργαστήριο
Método	Μέθοδοσ
Minerais	Ορυκτά
Moléculas	Μόρια
Natureza	Φύση
Observação	Παρατήρηση
Organismo	Οργανισμόσ
Partículas	Σωματίδια
Plantas	Φυτά
Químico	Χημική

Circo
Τσίρκο

Acrobata	Ακροβάτησ
Animais	Ζώα
Balões	Μπαλόνια
Bilhete	Εισιτήριο
Desfile	Παρέλαση
Doce	Καραμέλα
Elefante	Ελέφαντασ
Entreter	Διασκεδάσει
Espectador	Θεατήσ
Leão	Λιοντάρι
Macaco	Μαϊμού
Magia	Μαγεία
Malabarista	Ζογκλέρ
Mágico	Μάγοσ
Música	Μουσική
Palhaço	Κλόουν
Tenda	Σκηνή
Tigre	Τίγρη
Traje	Κοστούμι
Truque	Κόλπο

Clima
Καιρός

Arco-Íris	Ουράνιο Τόξο
Atmosfera	Ατμόσφαιρα
Brisa	Αεράκι
Calmo	Ηρεμία
Céu	Ουρανόσ
Clima	Κλίμα
Furacão	Χιουρικανασ
Gelo	Πάγοσ
Monção	Μουσώνασ
Nevoeiro	Ομίχλη
Nuvem	Σύννεφο
Polar	Πολική
Relâmpago	Αστραπή
Seca	Ξηρασία
Seco	Ξηρό
Temperatura	Θερμοκρασία
Tempestade	Καταιγίδα
Tropical	Τροπική
Trovão	Βροντή
Vento	Άνεμοσ

Comida # 2
Τρόφιμα #2

Alcachofra	Αγκινάρα
Amêndoa	Αμύγδαλο
Arroz	Ρύζι
Banana	Μπανάνα
Beringela	Μελιτζάνα
Brócolis	Μπρόκολο
Cereja	Κεράσι
Chocolate	Σοκολάτα
Cogumelo	Μανιτάρι
Frango	Κοτόπουλο
Iogurte	Γιαούρτι
Kiwi	Ακτινίδιο
Maçã	Μήλο
Ovo	Αυγό
Peixe	Ψάρι
Presunto	Ζαμπόν
Queijo	Τυρί
Tomate	Ντομάτα
Trigo	Σιτάρι
Uva	Σταφύλι

Comida #1
Τρόφιμα #1

Açúcar	Ζάχαρη
Alho	Σκόρδο
Amendoim	Φιστίκι
Atum	Τόνοσ
Bolo	Κέικ
Canela	Κανέλα
Cebola	Κρεμμύδι
Cenoura	Καρότο
Cevada	Κριθάρι
Damasco	Βερίκοκο
Espinafre	Σπανάκι
Leite	Γάλα
Limão	Λεμόνι
Manjericão	Βασιλικού
Morango	Φράουλα
Nabo	Γογγύλι
Sal	Αλάτι
Salada	Σαλάτα
Sopa	Σούπα
Suco	Χυμόσ

Cores
Χρώματα

Amarelo	Κίτρινο
Azul	Μπλε
Bege	Μπεζ
Branco	Λευκό
Ciano	Κυανό
Cinza	Γκρι
Fuchsia	Φούξια
Laranja	Πορτοκάλι
Marrom	Καφέ
Preto	Μαύρο
Rosa	Ροζ
Roxo	Μοβ
Sépia	Σέπια
Verde	Πράσινο
Vermelho	Κόκκινο
Violeta	Βιολετί

Corpo Humano
Ανθρώπινο Σώμα

Boca	Στόμα
Cabeça	Κεφάλι
Cérebro	Μυαλό
Coração	Καρδιά
Cotovelo	Αγκώνα
Dedo	Δάχτυλο
Joelho	Γόνατο
Mandíbula	Σαγόνι
Mão	Χέρι
Nariz	Μύτη
Olho	Μάτι
Ombro	Ώμοσ
Orelha	Αυτί
Pele	Δέρμα
Perna	Πόδι
Pescoço	Λαιμόσ
Queixo	Πηγούνι
Sangue	Αίμα
Testa	Μέτωπο
Tornozelo	Αστράγαλοσ

Cozinha
Κουζίνα

Avental	Ποδιά
Chaleira	Βραστήρασ
Colheres	Κουτάλια
Concha	Κουτάλα
Cups	Κύπελλα
Especiarias	Μπαχαρικό
Esponja	Σφουγγάρι
Facas	Μαχαίρια
Forno	Φούρνοσ
Garfos	Πιρούνια
Geladeira	Ψυγείο
Grelha	Σχάρα
Guardanapo	Χαρτοπετσέτα
Jarro	Κανάτα
Pauzinhos	Ξυλάκια
Receita	Συνταγή
Tigela	Μπολ

Dança
Χορός

Academia	Ακαδημία
Alegre	Χαρούμενο
Arte	Τέχνη
Clássico	Κλασική
Coreografia	Χορογραφία
Corpo	Σώμα
Cultura	Πολιτισμόσ
Cultural	Πολιτιστική
Emoção	Συγκίνηση
Ensaio	Πρόβα
Expressivo	Εκφραστική
Graça	Χάρη
Movimento	Κίνηση
Música	Μουσική
Parceiro	Παρτενέρ
Postura	Στάση
Ritmo	Ρυθμού
Tradicional	Παραδοσιακή
Visual	Οπτική

Dias e Meses
Ημέρες και Μήνες

Abril	Απριλίου
Agosto	Αυγούστου
Ano	Ετοσ
Calendário	Ημερολόγιο
Dezembro	Δεκεμβρίου
Domingo	Κυριακή
Fevereiro	Φεβρουαρίου
Janeiro	Ιανουαρίου
Julho	Ιουλίου
Junho	Ιουνίου
Mês	Μήνασ
Novembro	Νοεμβρίου
Outubro	Οκτωβρίου
Quinta-Feira	Πέμπτη
Sábado	Σάββατο
Segunda-Feira	Δευτέρα
Semana	Εβδομάδα
Setembro	Σεπτεμβρίου
Sexta-Feira	Παρασκευή
Terça	Τρίτη

Dinossauros
Δεινόσαυροι

Asas	Φτερά
Carnívoro	Σαρκοφάγο
Cauda	Ουρά
Desaparecimento	Εξαφάνιση
Enorme	Τεράστιο
Espécies	Είδοσ
Evolução	Εξέλιξη
Fósseis	Απολιθώματα
Herbívoro	Φυτοφάγα
Mamute	Μαμούθ
Onívoro	Παμφάγα
Poderoso	Ισχυρό
Presa	Θήραμα
Pré-Histórico	Προϊστορική
Raptor	Αρπακτικό
Réptil	Ερπετό
Tamanho	Μέγεθοσ
Terra	Γη

Dirigindo
Οδήγηση

Acidente	Ατύχημα
Carro	Αυτοκίνητο
Combustível	Καύσιμο
Cuidado	Προσοχή
Estrada	Δρόμοσ
Freios	Φρένα
Garagem	Γκαράζ
Gás	Αέριο
Licença	Άδεια
Mapa	Χάρτη
Motocicleta	Μοτοσυκλέτα
Motor	Μοτέρ
Pedestre	Πεζόσ
Perigo	Κινδύνου
Polícia	Αστυνομία
Rua	Δρόμο
Segurança	Ασφάλεια
Transporte	Μεταφορά
Tráfego	Κυκλοφορία
Túnel	Σήραγγα

Disciplinas Científicas
Επιστημονικοί Κλάδοι

Anatomia	Ανατομία
Arqueologia	Αρχαιολογία
Astronomia	Αστρονομία
Biologia	Βιολογία
Bioquímica	Βιοχημεία
Botânica	Βοτανική
Cinesiologia	Κινησιολογία
Ecologia	Οικολογία
Fisiologia	Φυσιολογία
Geologia	Γεωλογία
Imunologia	Ανοσολογία
Linguística	Γλωσσολογία
Meteorologia	Μετεωρολογία
Mineralogia	Ορυκτολογία
Neurologia	Νευρολογία
Psicologia	Ψυχολογία
Química	Χημεία
Sociologia	Κοινωνιολογία
Termodinâmica	Θερμοδυναμική
Zoologia	Ζωολογία

Ecologia
Οικολογία

Clima	Κλίμα
Comunidades	Κοινότητα
Diversidade	Ποικιλία
Espécies	Είδοσ
Fauna	Πανίδα
Flora	Χλωρίδα
Global	Παγκόσμια
Marinho	Θαλάσσιο
Montanhas	Βουνά
Natural	Φυσική
Natureza	Φύση
Plantas	Φυτά
Recursos	Πόρων
Seca	Ξηρασία
Sobrevivência	Επιβίωση
Sustentável	Βιώσιμη
Vegetação	Βλάστηση
Voluntários	Εθελοντέσ

Edifícios
Κτίρια

Apartamento	Διαμέρισμα
Cabine	Καμπίνα
Castelo	Κάστρο
Celeiro	Αχυρώνα
Embaixada	Πρεσβεία
Escola	Σχολείο
Estádio	Στάδιο
Fazenda	Αγρόκτημα
Fábrica	Εργοστάσιο
Garagem	Γκαράζ
Hospital	Νοσοκομείο
Hotel	Ξενοδοχείο
Laboratório	Εργαστήριο
Museu	Μουσείο
Observatório	Παρατηρητήριο
Supermercado	Μάρκετ
Teatro	Θέατρο
Tenda	Σκηνή
Torre	Πύργος
Universidade	Πανεπιστήμιο

Emoções
Συναισθήματα

Alegria	Χαρά
Amor	Αγάπη
Bem-Aventurança	Ευδαιμονία
Bondade	Καλοσύνη
Conteúdo	Περιεχόμενο
Grato	Ευγνώμων
Medo	Φόβος
Paz	Ειρήνη
Raiva	Θυμόσ
Relaxado	Χαλαρή
Satisfeito	Ικανοποίησα
Simpatia	Συμπόνια
Ternura	Τρυφερότητα
Tédio	Πλήξη
Tranquilidade	Ηρεμία
Tristeza	Θλίψη

Escalada
Αναρρίχηση

Altitude	Υψόμετρο
Atmosfera	Ατμόσφαιρα
Botas	Μπότες
Caminhada	Πεζοπορία
Capacete	Κράνος
Caverna	Σπήλαιο
Curiosidade	Περιέργεια
Estabilidade	Σταθερότητα
Estreito	Στενό
Físico	Φυσική
Força	Δύναμη
Guias	Οδηγοί
Luvas	Γάντια
Mapa	Χάρτη
Terreno	Έδαφος

Escola # 2
Σχολείο #2

Acadêmico	Ακαδημαϊκή
Amigos	Φίλοι
Biblioteca	Βιβλιοθήκη
Calendário	Ημερολόγιο
Ciência	Επιστήμη
Computador	Υπολογιστή
Dicionário	Λεξικό
Educação	Εκπαίδευση
Gramática	Γραμματική
Jogos	Παιχνίδια
Lápis	Μολύβι
Leitura	Ανάγνωση
Literatura	Λογοτεχνία
Livros	Βιβλια
Matemática	Μαθηματικά
Mochila	Σακίδιο
Papel	Χαρτί
Professor	Δάσκαλος
Suprimentos	Παροχή
Tesoura	Ψαλίδι

Escola #1
Σχολείο #1

Alfabeto	Αλφάβητο
Almoço	Γεύμα
Amigos	Φίλοι
Biblioteca	Βιβλιοθήκη
Cadeira	Καρέκλα
Canetas	Στυλό
Exames	Εξετάσεισ
Lápis	Μολύβι
Livros	Βιβλια
Matemática	Μαθηματικά
Mesa	Γραφείο
Números	Αριθμοί
Papel	Χαρτί
Pastas	Φακελοι
Professor	Δάσκαλοσ
Questionário	Κουίζ
Respostas	Απάντηση

Especiarias
Μπαχαρικά

Açafrão	Κροκος
Alcaçuz	Γλυκόριζα
Alho	Σκόρδο
Amargo	Πικρή
Anis	Γλυκάνισο
Azedo	Ξινή
Baunilha	Βανίλια
Canela	Κανέλα
Cardamomo	Κάρδαμο
Caril	Κάρυ
Cebola	Κρεμμύδι
Cominho	Κύμινο
Cravo	Γαρύφαλλο
Doce	Γλυκό
Funcho	Μάραθο
Gengibre	Τζίντζερ
Noz-Moscada	Μοσχοκάρυδο
Pimenta	Πιπέρι
Sabor	Γεύση
Sal	Αλάτι

Esportes
Αθλητισμός

Atleta	Αθλητής
Árbitro	Διαιτητής
Basquete	Μπάσκετ
Beisebol	Μπέιζμπολ
Bicicleta	Ποδήλατο
Campeonato	Πρωτάθλημα
Equipe	Ομάδα
Estádio	Στάδιο
Ganhador	Νικητής
Ginásio	Γυμνάσιο
Ginástica	Γυμναστική
Golfe	Γκολφ
Hóquei	Χόκεϊ
Jogador	Παίκτη
Jogo	Παιχνίδι
Movimento	Κίνηση
Tênis	Τένισ
Treinador	Προπονητής

Família
Οικογένεια

Antepassado	Πρόγονος
Avó	Γιαγιά
Avô	Παππούς
Criança	Παιδί
Esposa	Γυναίκα
Filha	Κόρη
Gêmeos	Δίδυμα
Irmã	Αδελφή
Irmão	Αδελφος
Marido	Σύζυγος
Materno	Μητρική
Mãe	Μητέρα
Neto	Εγγόνι
Pai	Πατέρας
Paterno	Πατρική
Primo	Ξαδέρφη
Sobrinha	Ανιψιά
Sobrinho	Ανιψιός
Tia	Θεία
Tio	Θείος

Fazenda #1
Αγρόκτημα #1

Abelha	Μέλισσα
Agricultura	Γεωργία
Arroz	Ρύζι
Água	Νερό
Bezerro	Μοσχάρι
Burro	Γαϊδούρι
Cabra	Γίδα
Campo	Πεδίο
Cavalo	Άλογο
Cão	Σκύλοσ
Cerca	Φρακτησ
Corvo	Κοράκι
Feno	Σανό
Fertilizante	Λίπασμα
Frango	Κοτόπουλο
Gato	Γάτα
Mel	Μέλι
Porco	Γουρούνι
Rebanho	Κοπάδι
Vaca	Αγελάδα

Fazenda #2
Αγρόκτημα #2

Agricultor	Αγροτησ
Animais	Ζώα
Celeiro	Αχυρώνα
Cevada	Κριθάρι
Colmeia	Κυψέλη
Cordeiro	Αρνί
Fruta	Φρούτο
Ganso	Χήνεσ
Irrigação	Άρδευση
Leite	Γάλα
Lhama	Λάμα
Milho	Καλαμπόκι
Ovelha	Πρόβατο
Pastor	Βοσκόσ
Pato	Πάπια
Pomar	Περιβόλι
Prado	Λιβάδι
Trator	Τρακτέρ
Trigo	Σιτάρι
Vegetal	Φυτό

Ferramentas
Εργαλεία

Alicate	Πένσα
Cabo	Καλώδιο
Cola	Κόλλα
Corda	Σχοινί
Escada	Σκάλα
Faca	Μαχαίρι
Grampeador	Συρραπτικό
Machado	Τσεκούρι
Martelo	Σφυρί
Navalha	Ξυράφι
Parafuso	Βίδα
Pá	Φτυάρι
Roda	Τροχόσ
Tesoura	Ψαλίδι
Tocha	Δαδα

Ferramentas de Cozinha
Εργαλεία Μαγειρικής

Chaleira	Βραστήρασ
Coador	Σουρωτήρι
Colher	Κουτάλι
Espátula	Σπάτουλα
Espremedor	Αποχυμωτήσ
Faca	Μαχαίρι
Fogão	Σόμπα
Forno	Φούρνος
Garfo	Πιρούνι
Geladeira	Ψυγείο
Ralador	Τρίφτησ
Tampa	Καπάκι
Termômetro	Θερμόμετρο
Tesoura	Ψαλίδι
Torradeira	Τοστιέρα

Férias #1
Διακοπές #1

Alfândega	Τελωνείο
Avião	Αεροπλάνο
Bilhete	Εισιτήριο
Bonde	Τραμ
Carro	Αυτοκίνητο
Expedição	Εκδρομή
Guarda-Chuva	Ομπρέλα
Itinerário	Δρομολόγιο
Lago	Λίμνη
Mala	Βαλίτσα
Mochila	Σακίδιο
Moeda	Νόμισμα
Museu	Μουσείο
Partida	Αναχώρηση
Relaxamento	Χαλάρωση
Turista	Τουριστασ

Férias #2
Διακοπές #2

Acampamento	Κάμπινγκ
Aeroporto	Αεροδρόμιο
Destino	Προορισμόσ
Estrangeiro	Ξένο
Hotel	Ξενοδοχείο
Ilha	Νησί
Lazer	Αναψυχή
Mapa	Χάρτη
Mar	Θάλασσα
Montanhas	Βουνά
Passaporte	Διαβατήριο
Praia	Παραλία
Restaurante	Εστιατόριο
Táxi	Ταξί
Tenda	Σκηνή
Transporte	Μεταφορά
Viagem	Ταξίδι
Visto	Βίζα

Ficção Científica
Επιστημονική Φαντασία

Atómico	Ατομικό
Cenário	Σενάριο
Distante	Μακρινό
Distopia	Δυστοπία
Explosão	Έκρηξη
Extremo	Άκρο
Fogo	Φωτιά
Futurista	Φουτουριστικό
Galáxia	Γαλαξίασ
Ilusão	Ψευδαίσθηση
Imaginário	Φανταστικό
Livros	Βιβλία
Misterioso	Μυστηριώδησ
Mundo	Κόσμο
Oráculo	Μαντείο
Planeta	Πλανήτησ
Realista	Ρεαλιστική
Robôs	Ρομπότ
Tecnologia	Τεχνολογία
Utopia	Ουτοπία

Flores
Λουλούδια

Buquê	Μπουκέτο
Calêndula	Καλέντουλα
Dente-De-Leão	Πικραλίδα
Gardênia	Γαρδένια
Girassol	Ηλιοτρόπιο
Hibisco	Ιβίσκοσ
Jasmim	Γιασεμί
Lavanda	Λεβάντα
Lilás	Πασχαλιά
Lírio	Κρίνοσ
Magnólia	Μανόλια
Margarida	Μαργαρίτα
Orquídea	Ορχιδέα
Papoula	Παπαρούνα
Peônia	Παιωνία
Pétala	Πέταλο
Rosa	Τριαντάφυλλο
Trevo	Τριφύλλι
Tulipa	Τουλίπα

Floresta Tropical
Τροπικό Δάσος

Anfíbios	Αμφίβια
Botânico	Βοτανική
Clima	Κλίμα
Comunidade	Κοινότητα
Diversidade	Ποικιλία
Espécies	Είδοσ
Insetos	Έντομα
Mamíferos	Θηλαστικά
Musgo	Βρύα
Natureza	Φύση
Nuvens	Σύννεφα
Pássaros	Πουλιά
Preservação	Διατήρηση
Refúgio	Καταφύγιο
Respeito	Σέβομαι
Restauração	Αποκατάσταση
Selva	Ζούγκλα
Sobrevivência	Επιβίωση
Valioso	Πολύτιμα

Formas
Σχήματα

Arco	Τόξο
Canto	Γωνία
Cilindro	Κύλινδροσ
Círculo	Κύκλοσ
Cone	Κώνοσ
Cubo	Κύβοσ
Curva	Καμπύλη
Elipse	Έλλειψη
Esfera	Σφαίρα
Hipérbole	Υπερβολή
Lado	Πλευρά
Linha	Γραμμή
Oval	Οβάλ
Pirâmide	Πυραμίδα
Polígono	Πολύγωνο
Prisma	Πρίσμα
Quadrado	Πλατεία
Retângulo	Ορθογώνιο
Triângulo	Τριγώνου

Frutas
Φρούτα

Abacate	Αβοκάντο
Abacaxi	Ανανά
Baga	Μούρο
Banana	Μπανάνα
Cereja	Κεράσι
Coco	Καρύδα
Damasco	Βερίκοκο
Figo	Σύκο
Framboesa	Βατόμουρο
Goiaba	Γκουάβα
Kiwi	Ακτινίδιο
Laranja	Πορτοκάλι
Limão	Λεμόνι
Maçã	Μήλο
Mamão	Παπάγια
Manga	Μάνγκο
Nectarina	Νεκταρίνι
Pera	Αχλάδι
Pêssego	Ροδάκινο
Uva	Σταφύλι

Gatos
Γάτες

Brincalhão	Παιχνιδιάρικο
Caçador	Κυνηγόσ
Cauda	Ουρά
Curioso	Περίεργοσ
Dormir	Κοιμάμαι
Engraçado	Αστείο
Fio	Νήμα
Garra	Νύχι
Independente	Ανεξάρτητη
Louco	Τρελό,
Mouse	Ποντίκι
Pata	Πόδι
Pele	Γούνα
Personalidade	Προσωπικότητα
Selvagem	Άγριο
Tímido	Ντροπαλόσ

Geografia
Γεωγραφία

Altitude	Υψόμετρο
Atlas	Άτλαντα
Cidade	Πόλη
Continente	Ήπειροσ
Hemisfério	Ημισφαίριο
Ilha	Νησί
Longitude	Γεωγραφικό
Mapa	Χάρτη
Mar	Θάλασσα
Meridiano	Μεσημβρινό
Montanha	Βουνό
Mundo	Κόσμο
Norte	Βορρά
Oceano	Ωκεανόσ
Oeste	Δύση
País	Χώρα
Região	Περιοχή
Rio	Ποταμόσ
Sul	Νότια
Território	Έδαφοσ

Geologia
Γεωλογία

Ácido	Οξύ
Camada	Στρώμα
Caverna	Σπήλαιο
Cálcio	Ασβέστιο
Continente	Ήπειροσ
Coral	Κοράλλι
Cristais	Κρύσταλλα
Erosão	Διάβρωση
Estalactite	Σταλακτίτησ
Estalagmites	Σταλαγμιτεσ
Fóssil	Απολίθωμα
Lava	Λάβα
Minerais	Ορυκτά
Pedra	Πέτρα
Platô	Οροπέδιο
Quartzo	Χαλαζία
Sal	Αλάτι
Terremoto	Σεισμόσ
Vulcão	Ηφαίστειο
Zona	Ζώνη

Herbalismo
Βοτανολογία

Açafrão	Κροκοσ
Alecrim	Δενδρολίβανο
Alho	Σκόρδο
Aromático	Αρωματικό
Benéfico	Ευεργετική
Estragão	Εστραγκόν
Flor	Λουλούδι
Funcho	Μάραθο
Ingrediente	Συστατικό
Jardim	Κήποσ
Lavanda	Λεβάντα
Manjericão	Βασιλικού
Manjerona	Μαντζουράνα
Orégano	Ρίγανη
Planta	Φυτό
Qualidade	Ποιότητα
Sabor	Γεύση
Salsa	Μαϊντανόσ
Tomilho	Θυμάρι
Verde	Πράσινο

Insetos
Έντομα

Abelha	Μέλισσα
Barata	Κατσαρίδα
Besouro	Σκαθάρι
Borboleta	Πεταλούδα
Cigarra	Τζιτζίκι
Cupim	Τερμίτησ
Formiga	Μυρμήγκι
Gafanhoto	Ακρίδα
Joaninha	Πασχαλίτσα
Larva	Προνύμφη
Louva-A-Deus	Μάντησ
Mariposa	Σκώροσ
Minhoca	Σκουλήκι
Mosquito	Κουνούπι
Pulga	Υπαίθρια
Pulgão	Μελίγκρα
Vespa	Σφήκα

Instrumentos Musicais
Μουσικά Όργανα

Bandolim	Μαντολίνο
Banjo	Μπάντζο
Clarinete	Κλαρινέτο
Fagote	Φαγκότο
Flauta	Φλάουτο
Gaita	Φυσαρμόνικα
Gongo	Γκονγκ
Harpa	Άρπα
Marimba	Μαρίμπα
Oboé	Όμποε
Pandeiro	Ντέφι
Percussão	Κρούση
Piano	Πιάνο
Saxofone	Σαξόφωνο
Tambor	Τύμπανο
Trombone	Τρομπόνι
Trompete	Τρομπέτα
Violão	Κιθάρα
Violino	Βιολί
Violoncelo	Βιολοντσέλο

Jardim
Κήπος

Ancinho	Τσουγκράνα
Árvore	Δέντρο
Banco	Παγκάκι
Cerca	Φράκτησ
Ervas Daninhas	Ζιζάνια
Flor	Λουλούδι
Garagem	Γκαράζ
Grama	Γρασίδι
Gramado	Γκαζόν
Jardim	Κήποσ
Lagoa	Λίμνη
Maca	Αιώρα
Mangueira	Σωλήνα
Pá	Φτυάρι
Pomar	Περιβόλι
Trampolim	Τραμπολίνο
Varanda	Βεράντα
Videira	Αμπέλι

Literatura
Λογοτεχνία

Analogia	Αναλογία
Análise	Ανάλυση
Anedota	Ανέκδοτο
Autor	Συγγραφέασ
Biografia	Βιογραφία
Comparação	Σύγκριση
Conclusão	Συμπέρασμα
Descrição	Περιγραφή
Diálogo	Διάλογοσ
Estilo	Στυλ
Ficção	Φαντασία
Metáfora	Μεταφορά
Narrador	Αφηγητήσ
Opinião	Γνώμη
Poema	Ποίημα
Poético	Ποιητική
Ritmo	Ρυθμού
Romance	Μυθιστόρημα
Tema	Θέμα
Tragédia	Τραγωδία

Livros
Βιβλία

Autor	Συγγραφέασ
Aventura	Περιπέτεια
Coleção	Συλλογή
Contexto	Πλαίσιο
Dualidade	Δυαδικότητα
Escrito	Γραπτή
Épico	Επική
História	Ιστορία
Histórico	Ιστορικό
Inventivo	Εφευρετική
Leitor	Αναγνώστησ
Literário	Λογοτεχνική
Narrador	Αφηγητήσ
Página	Σελίδα
Poema	Ποίημα
Poesia	Ποίηση
Relevante	Σχετική
Romance	Μυθιστόρημα
Série	Σειρά
Trágico	Τραγική

Mamíferos
Θηλαστικά

Baleia	Φάλαινα
Camelo	Καμήλα
Canguru	Καγκουρό
Castor	Κάστορασ
Cavalo	Άλογο
Cão	Σκύλοσ
Coelho	Κουνέλι
Coiote	Κογιότ
Elefante	Ελέφαντασ
Gato	Γάτα
Girafa	Καμηλοπάρδαλη
Golfinho	Δελφίνι
Gorila	Γορίλασ
Leão	Λιοντάρι
Lobo	Λύκοσ
Macaco	Μαΐμού
Ovelha	Πρόβατο
Raposa	Αλεπού
Touro	Ταύροσ
Zebra	Ζέβρα

Matemática
Μαθηματικά

Aritmética	Αριθμητική
Ângulos	Γωνία
Circunferência	Περιφέρεια
Decimal	Δεκαδικό
Diâmetro	Διάμετροσ
Equação	Εξίσωση
Expoente	Εκθέτη
Fração	Κλάσμα
Geometria	Γεωμετρία
Paralelo	Παράλληλη
Perímetro	Περίμετρο
Perpendicular	Κάθετοσ
Polígono	Πολύγωνο
Quadrado	Πλατεία
Raio	Ακτίνα
Retângulo	Ορθογώνιο
Simetria	Συμμετρία
Soma	Άθροισμα
Triângulo	Τριγώνου
Volume	Ένταση

Material de Arte
Είδη Τέχνης

Acrílico	Ακρυλικό
Apagador	Γόμα
Aquarelas	Ακουαρέλεσ
Água	Νερό
Cadeira	Καρέκλα
Carvão	Κάρβουνο
Cavalete	Καβαλέτο
Cola	Κόλλα
Cores	Χρώματα
Escovas	Πινέλο
Lápis	Μολύβια
Mesa	Τραπέζι
Óleo	Λάδι
Papel	Χαρτί
Pastels	Παστέλ
Tinta	Μελάνι

Medições
Μετρήσεις

Altura	Υψοσ
Byte	Ψηφιολεξη
Centímetro	Εκατοστό
Comprimento	Μήκοσ
Decimal	Δεκαδικό
Grama	Γραμμάριο
Grau	Βαθμόσ
Largura	Πλάτοσ
Litro	Λίτρο
Massa	Μάζα
Metro	Μέτρο
Minuto	Λεπτό
Onça	Ουγγιά
Peso	Ζυγίζω
Polegada	Ίντσα
Profundidade	Βάθοσ
Quilograma	Χιλιόγραμμο
Quilômetro	Χιλιόμετρο
Tonelada	Τόνοσ
Volume	Ένταση

Meditação
Διαλογισμός

Aceitação	Αποδοχή
Acordado	Ξύπνησε
Atenção	Προσοχή
Bondade	Καλοσύνη
Calmo	Ηρεμία
Clareza	Σαφήνεια
Compaixão	Συμπόνια
Emoções	Συναισθήματα
Gratidão	Ευγνωμοσύνη
Mental	Ψυχική
Mente	Μυαλό
Movimento	Κίνηση
Música	Μουσική
Natureza	Φύση
Observação	Παρατήρηση
Paz	Ειρήνη
Pensamentos	Σκέψη
Perspectiva	Προοπτική
Postura	Στάση
Silêncio	Σιωπή

Mitologia
Μυθολογία

Arquétipo	Αρχέτυπο
Ciúmes	Ζήλια
Comportamento	Συμπεριφορά
Criação	Δημιουργία
Criatura	Πλάσμα
Cultura	Πολιτισμός
Desastre	Καταστροφή
Força	Δύναμη
Guerreiro	Πολεμιστής
Heroína	Ηρωίδα
Herói	Ήρωασ
Imortalidade	Αθανασία
Labirinto	Λαβύρινθοσ
Lenda	Θρύλοσ
Mágico	Μαγικό
Monstro	Τέρασ
Mortal	Θνητόσ
Relâmpago	Αστραπή
Trovão	Βροντή
Vingança	Εκδίκηση

Móveis
Έπιπλα

Almofada	Μαξιλάρι
Almofadas	Μαξιλάρια
Banco	Παγκάκι
Cadeira	Καρέκλα
Cama	Κρεβάτι
Colchão	Στρώμα
Cortinas	Κουρτίνα
Cômoda	Κομμό
Espelho	Καθρεφτησ
Estante	Βιβλιοθήκη
Futon	Φουτόν
Maca	Αιώρα
Mesa	Γραφείο
Poltrona	Πολυθρόνα
Prateleiras	Ράφια
Sofá	Καναπέ
Tapete	Χαλί

Natureza
Φύση

Abelhas	Μέλισσεσ
Abrigo	Καταφύγιο
Animais	Ζώα
Ártico	Αρκτική
Beleza	Ομορφιά
Deserto	Ερήμου
Dinâmico	Δυναμική
Erosão	Διάβρωση
Floresta	Δασοσ
Folhagem	Φύλλωμα
Geleira	Παγετώνασ
Nevoeiro	Ομίχλη
Nuvens	Σύννεφα
Pacífico	Ειρηνική
Rio	Ποταμόσ
Santuário	Ιερό
Selvagem	Άγριο
Sereno	Γαλήνιο
Tropical	Τροπική
Vital	Ζωτική

Nutrição
Διατροφή

Amargo	Πικρή
Apetite	Όρεξη
Calorias	Θερμιδεσ
Comestível	Βρώσιμα
Dieta	Διατροφή
Digestão	Πέψη
Equilibrado	Ισορροπημένη
Fermentação	Ζύμωση
Ingredientes	Συστατικά
Líquidos	Υγρά
Molho	Σάλτσα
Nutriente	Θρεπτική
Peso	Ζυγίζω
Proteínas	Πρωτεΐνεσ
Qualidade	Ποιότητα
Sabor	Γεύση
Saudável	Υγιή
Saúde	Υγεία
Toxina	Τοξίνη
Vitamina	Βιταμίνη

Números
Αριθμοί

Cinco	Πέντε
Decimal	Δεκαδικό
Dez	Δέκα
Dezesseis	Δεκαέξι
Dezessete	Δεκαεπτά
Dezoito	Δεκαοκτώ
Dois	Δύο
Doze	Δώδεκα
Nove	Εννέα
Oito	Οκτώ
Quatorze	Δεκατέσσερα
Quatro	Τέσσερα
Quinze	Δεκαπέντε
Seis	Έξι
Sete	Επτά
Treze	Δεκατρία
Três	Τρία
Um	Ένα
Vinte	Είκοσι
Zero	Μηδέν

Oceano
Ωκεανός

Atum	Τόνοσ
Baleia	Φάλαινα
Barco	Βάρκα
Camarão	Γαρίδα
Caranguejo	Καβούρι
Coral	Κοράλλι
Enguia	Χέλι
Esponja	Σφουγγάρι
Golfinho	Δελφίνι
Marés	Παλίρροια
Medusa	Μέδουσεσ
Ondas	Κύματα
Ostra	Στρείδι
Peixe	Ψάρι
Polvo	Χταπόδι
Recife	Ξέρα
Sal	Αλάτι
Tartaruga	Χελώνα
Tempestade	Καταιγίδα
Tubarão	Καρχαρίασ

Paisagens
Τοπία

Cascata	Καταρράκτη
Caverna	Σπήλαιο
Colina	Λόφο
Deserto	Ερήμου
Geleira	Παγετώνασ
Golfo	Κόλποσ
Iceberg	Παγόβουνο
Ilha	Νησί
Lago	Λίμνη
Mar	Θάλασσα
Montanha	Βουνό
Oásis	Όαση
Oceano	Ωκεανόσ
Pântano	Βάλτοσ
Península	Χερσόνησο
Praia	Παραλία
Rio	Ποταμόσ
Tundra	Τούνδρα
Vale	Κοιλάδα
Vulcão	Ηφαίστειο

Países #2
Χώρες #2

Albânia	Αλβανία
Dinamarca	Δανία
França	Γαλλία
Grécia	Ελλάδα
Haiti	Αϊτή
Indonésia	Ινδονησία
Irlanda	Ιρλανδία
Jamaica	Τζαμάικα
Japão	Ιαπωνία
Laos	Λάοσ
Líbano	Λίβανοσ
México	Μεξικό
Nepal	Νεπάλ
Nigéria	Νιγηρία
Paquistão	Πακιστάν
Rússia	Ρωσία
Síria	Συρία
Somália	Σομαλία
Ucrânia	Ουκρανία
Uganda	Ουγκάντα

Pássaros
Πουλιά

Águia	Αετόσ
Canário	Καναρίνι
Cegonha	Πελαργόσ
Cisne	Κύκνοσ
Cuco	Κούκοσ
Falcão	Γεράκι
Flamingo	Φλαμίνγκο
Frango	Κοτόπουλο
Gaivota	Γλάροσ
Ganso	Χήνα
Garça	Ερωδιοσ
Ovo	Αυγό
Papagaio	Παπαγάλοσ
Pardal	Σπουργίτι
Pato	Πάπια
Pavão	Παγώνι
Pelicano	Πελεκαν
Pinguim	Πιγκουίνοσ
Pombo	Περιστέρι
Tucano	Τουκάν

Pesca
Ψάρεμα

Água	Νερό
Barbatanas	Πτερύγια
Barco	Βάρκα
Brânquias	Βράγχια
Cesta	Καλάθι
Equipamento	Εξοπλισμόσ
Exagero	Υπερβολή
Fio	Σύρμα
Gancho	Άγκιστρο
Isca	Δόλωμα
Lago	Λίμνη
Mandíbula	Σαγόνι
Oceano	Ωκεανόσ
Paciência	Υπομονή
Peso	Ζυγίζω
Praia	Παραλία
Rio	Ποταμόσ
Temporada	Εποχή

Piratas
Πειρατές

Aventura	Περιπέτεια
Âncora	Άγκυρα
Bússola	Πυξίδα
Capitão	Λοχαγόσ
Caverna	Σπήλαιο
Cicatriz	Ουλή
Espada	Σπαθί
Ilha	Νησί
Lenda	Θρύλοσ
Mapa	Χάρτη
Mau	Κακό
Moedas	Κέρματα
Oceano	Ωκεανόσ
Ouro	Χρυσόσ
Papagaio	Παπαγάλοσ
Perigo	Κινδύνου
Praia	Παραλία
Rum	Ρούμι
Tesouro	Θησαυρόσ
Tripulação	Πλήρωμα

Plantas
Φυτά

Árvore	Δέντρο
Baga	Μούρο
Bambu	Μπαμπού
Botânica	Βοτανική
Cacto	Κάκτοσ
Erva	Βότανο
Feijão	Φασόλι
Fertilizante	Λίπασμα
Flor	Λουλούδι
Flora	Χλωρίδα
Floresta	Δασοσ
Folha	Φύλλο
Folhagem	Φύλλωμα
Grama	Γρασίδι
Hera	Κισσόσ
Jardim	Κήποσ
Musgo	Βρύα
Pétala	Πέταλο
Raiz	Ρίζα
Vegetação	Βλάστηση

Praia
Παραλία

Areia	Άμμο
Azul	Μπλε
Barco	Βάρκα
Caranguejo	Καβούρι
Costa	Ακτή
Doca	Αποβάθρα
Guarda-Chuva	Ομπρέλα
Ilha	Νησί
Lagoa	Λιμνοθάλασσα
Mar	Θάλασσα
Oceano	Ωκεανόσ
Recife	Ξέρα
Sandálias	Σανδάλια
Sol	Ήλιοσ
Toalha	Πετσέτα
Veleiro	Ιστιοφόρο

Preencher
Για Γέμισμα

Bacia	Λεκάνη
Bandeja	Δίσκοσ
Barril	Βαρέλι
Bolso	Τσέπη
Caixa	Κουτί
Cesta	Καλάθι
Envelope	Φάκελοσ
Garrafa	Μπουκάλι
Gaveta	Συρτάρι
Mala	Βαλίτσα
Pacote	Πακέτο
Pasta	Φάκελο
Saco	Σακούλα
Tubo	Σωλήνασ
Vaso	Βάζο

Profissões #1
Επαγγέλματα #1

Advogado	Δικηγόροσ
Alfaiate	Προσαρμοσμένα
Artista	Καλλιτέχνησ
Astrônomo	Αστρονόμοσ
Banqueiro	Τραπεζίτησ
Bombeiro	Πυροσβέστησ
Caçador	Κυνηγόσ
Cartógrafo	Χαρτογράφοσ
Cientista	Επιστήμονασ
Dançarino	Χορευτήσ
Editor	Επεξεργασία
Embaixador	Πρέσβησ
Encanador	Υδραυλικόσ
Enfermeira	Νοσοκόμα
Geólogo	Γεωλόγοσ
Marinheiro	Ναύτησ
Músico	Μουσικόσ
Pianista	Πιανίστασ
Psicólogo	Ψυχολόγοσ
Veterinário	Κτηνίατροσ

Profissões #2
Επαγγέλματα #2

Agricultor	Αγροτησ
Astronauta	Αστροναύτησ
Biólogo	Βιολόγοσ
Cirurgião	Χειρουργόσ
Dentista	Οδοντίατροσ
Detetive	Ντετέκτιβ
Engenheiro	Μηχανικόσ
Filósofo	Φιλόσοφοσ
Fotógrafo	Φωτογράφοσ
Ilustrador	Εικονογράφοσ
Inventor	Εφευρέτησ
Investigador	Ερευνητήσ
Jardineiro	Κηπουρόσ
Jornalista	Δημοσιογράφοσ
Linguista	Γλωσσολόγοσ
Médico	Ιατροσ
Piloto	Πιλοτική
Pintor	Ζωγράφοσ
Professor	Δάσκαλοσ
Zoólogo	Ζωολόγοσ

Restaurante # 2
Εστιατόριο #2

Almoço	Γεύμα
Aperitivo	Ορεκτικό
Água	Νερό
Bebida	Ποτό
Bolo	Κέικ
Cadeira	Καρέκλα
Colher	Κουτάλι
Delicioso	Νόστιμο
Especiarias	Μπαχαρικό
Fruta	Φρούτο
Garçom	Σερβιτόροσ
Garfo	Πιρούνι
Gelo	Πάγοσ
Jantar	Δείπνο
Legumes	Λαχανικά
Macarrão	Λαζάνια
Peixe	Ψάρι
Sal	Αλάτι
Salada	Σαλάτα
Sopa	Σούπα

Restaurante #1
Εστιατόριο #1

Alergia	Αλλεργία
Café	Καφέ
Carne	Κρέασ
Cozinha	Κουζίνα
Faca	Μαχαίρι
Frango	Κοτόπουλο
Garçonete	Σερβιτόρα
Guardanapo	Χαρτοπετσέτα
Ingredientes	Συστατικά
Menu	Μενού
Molho	Σάλτσα
Pão	Ψωμί
Picante	Πικάντικο
Placa	Πλάκα
Reserva	Κράτηση
Sobremesa	Επιδόρπιο
Tigela	Μπολ

Roupas
Ρούχα

Avental	Ποδιά
Blusa	Μπλούζα
Calça	Παντελόνι
Camisa	Πουκάμισο
Casaco	Παλτό
Chapéu	Καπέλο
Cinto	Ζώνη
Colar	Κολιέ
Jaqueta	Σακάκι
Jeans	Τζιν
Luvas	Γάντια
Meias	Κάλτσα
Moda	Μόδα
Pijama	Πιτζάμα
Pulseira	Βραχιόλι
Saia	Φούστα
Sandálias	Σανδάλια
Sapato	Παπούτσι
Suéter	Πουλόβερ
Vestido	Φόρεμα

Surf
Σέρφινγκ

Atleta	Αθλητήσ
Campeão	Πρωταθλητήσ
Espuma	Αφρός
Estilo	Στυλ
Estômago	Στομάχι
Extremo	Άκρο
Força	Δύναμη
Multidões	Πλήθη
Oceano	Ωκεανός
Onda	Κύμα
Popular	Δημοφιλήσ
Praia	Παραλία
Principiante	Αρχάριοσ
Rapidez	Ταχύτητα
Recife	Ξέρα
Tempo	Καιρός

Tecnologia
Τεχνολογία

Arquivo	Αρχείο
Blog	Ιστολόγιο
Bytes	Ψηφιολέξεισ
Computador	Υπολογιστή
Cursor	Δρομεασ
Dados	Δεδομένα
Digital	Ψηφιακή
Estatísticas	Στατιστική
Internet	Διαδίκτυο
Mensagem	Μήνυμα
Navegador	Περιήγησησ
Pesquisa	Έρευνα
Segurança	Ασφάλεια
Software	Λογισμικό
Tela	Οθόνη
Virtual	Εικονική
Vírus	Ιόσ

Tempo
Χρόνος

Agora	Τώρα
Ano	Ετοσ
Antes	Πριν
Anual	Ετήσια
Calendário	Ημερολόγιο
Década	Δεκαετία
Dia	Μέρα
Futuro	Μέλλον
Hoje	Σήμερα
Hora	Ώρα
Manhã	Πρωί
Meio-Dia	Μεσημέρι
Mês	Μήνασ
Minuto	Λεπτό
Momento	Στιγμή
Noite	Νύχτα
Ontem	Χθεσ
Relógio	Ρολόι
Semana	Εβδομάδα
Século	Αιώνασ

Tipos de Cabelo
Τύποι Μαλλιών

Branco	Λευκό
Brilhante	Λαμπερά
Cachos	Μπούκλεσ
Careca	Φαλακρός
Cinza	Γκρι
Curto	Κοντό
Encaracolado	Σγουρά
Fino	Λεπτή
Grosso	Παχύ
Loiro	Ξανθά
Longo	Μακρύ
Marrom	Καφέ
Prata	Ασημένιο
Preto	Μαύρο
Saudável	Υγιή
Seco	Ξηρό
Suave	Μαλακό
Trançado	Πλεγμένο
Tranças	Πλεξούδεσ

Vegetais
Λαχανικά

Abóbora	Κολοκύθα
Aipo	Σέλινο
Alcachofra	Αγκινάρα
Alho	Σκόρδο
Batata	Πατάτα
Beringela	Μελιτζάνα
Brócolis	Μπρόκολο
Cebola	Κρεμμύδι
Cenoura	Καρότο
Chalota	Εσκαλωνίδα
Cogumelo	Μανιτάρι
Ervilha	Μπιζέλι
Espinafre	Σπανάκι
Gengibre	Τζίντζερ
Nabo	Γογγύλι
Pepino	Αγγούρι
Rabanete	Ραπανάκι
Salada	Σαλάτα
Salsa	Μαϊντανός
Tomate	Ντομάτα

Veículos
Οχήματα

Ambulância	Ασθενοφόρο
Avião	Αεροπλάνο
Balsa	Πορθμείο
Barco	Βάρκα
Bicicleta	Ποδήλατο
Caminhão	Φορτηγό
Caravana	Τροχόσπιτο
Carro	Αυτοκίνητο
Foguete	Ρουκέτα
Furgão	Βαν
Helicóptero	Ελικόπτερο
Jangada	Σχεδία
Lambreta	Σκούτερ
Metrô	Μετρό
Motor	Μηχανή
Ônibus	Λεωφορείο
Pneus	Λάστιχα
Submarino	Υποβρύχιο
Táxi	Ταξί
Trator	Τρακτέρ

Verão
Καλοκαίρι

Acampamento	Κάμπινγκ
Alegria	Χαρά
Amigos	Φίλοι
Casa	Σπίτι
Estrelas	Αστέρια
Família	Οικογένεια
Jardim	Κήπος
Jogos	Παιχνίδια
Lazer	Αναψυχή
Livros	Βιβλία
Mar	Θάλασσα
Mergulho	Καταδύσεις
Música	Μουσική
Praia	Παραλία
Relaxamento	Χαλάρωση
Sandálias	Σανδάλια
Viagem	Ταξίδι

Xadrez
Σκάκι

Branco	Λευκό
Campeão	Πρωταθλητής
Diagonal	Διαγώνιος
Estratégia	Στρατηγική
Jogador	Παίκτη
Jogo	Παιχνίδι
Oponente	Αντίπαλος
Passivo	Παθητική
Pontos	Σημεία
Preto	Μαύρο
Rainha	Βασίλισσα
Rei	Βασιλιάς
Sacrifício	Θυσία
Tempo	Ώρα
Torneio	Τουρνουά

Parabéns

Conseguiu!

Esperamos que tenha gostado tanto deste livro como nós gostamos de o desenhar. Esforçamo-nos por criar livros da mais alta qualidade possível.
Esta edição foi concebida para proporcionar uma aprendizagem inteligente, de qualidade e divertida!

Gostou deste livro?

Um simples pedido

Estes livros existem graças às críticas que publica.
Pode ajudar-nos, deixando agora uma revisão?

Aqui está um pequeno link para
a sua página de revisão:

BestBooksActivity.com/Avaliacoes50

DESAFIO FINAL!

Desafio n° 1

Está pronto para o seu jogo grátis? Usamo-los a toda a hora, mas não são tão fáceis de encontrar - aqui estão os **Sinônimos!**
Escreva 5 palavras que encontrou nos puzzles (n° 21, n° 36, n° 76) e tente encontrar 2 sinónimos para cada palavra.

Escreva 5 palavras de *Puzzle 21*

Palavras	Sinônimo 1	Sinônimo 2

Escreva 5 palavras de *Puzzle 36*

Palavras	Sinônimo 1	Sinônimo 2

Escreva 5 palavras de *Puzzle 76*

Palavras	Sinônimo 1	Sinônimo 2

Desafio n° 2

Agora que já aqueceu, escreva 5 palavras que encontrou nos Puzzles (n° 9, n° 17 e n° 25) e tente encontrar 2 antônimos para cada palavra. Quantos se podem encontrar em 20 minutos?

Escreva 5 palavras de **Puzzle 9**

Palavras	Antônimo 1	Antônimo 2

Escreva 5 palavras de **Puzzle 17**

Palavras	Antônimo 1	Antônimo 2

Escreva 5 palavras de **Puzzle 25**

Palavras	Antônimo 1	Antônimo 2

Desafio n° 3

Óptimo! Este desafio final não é nada para si.

Pronto para o desafio final? Escolha 10 palavras que tenha descoberto nos diferentes puzzles e escreva-as abaixo.

1.	6.
2.	7.
3.	8.
4.	9.
5.	10.

Agora escreva um texto a pensar numa pessoa, num animal ou num lugar de seu agrado.

Pode utilizar a última página deste livro como um rascunho.

A Sua Composição:

CADERNO DE NOTAS:

ATÉ BREVE!

A equipa Inteira

DESCUBRA JOGOS GRATUITOS

GO

↓

BESTACTIVITYBOOKS.COM/FREEGAMES

www.ingramcontent.com/pod-product-compliance
Lightning Source LLC
Chambersburg PA
CBHW082213120626
46553CB00010B/3133